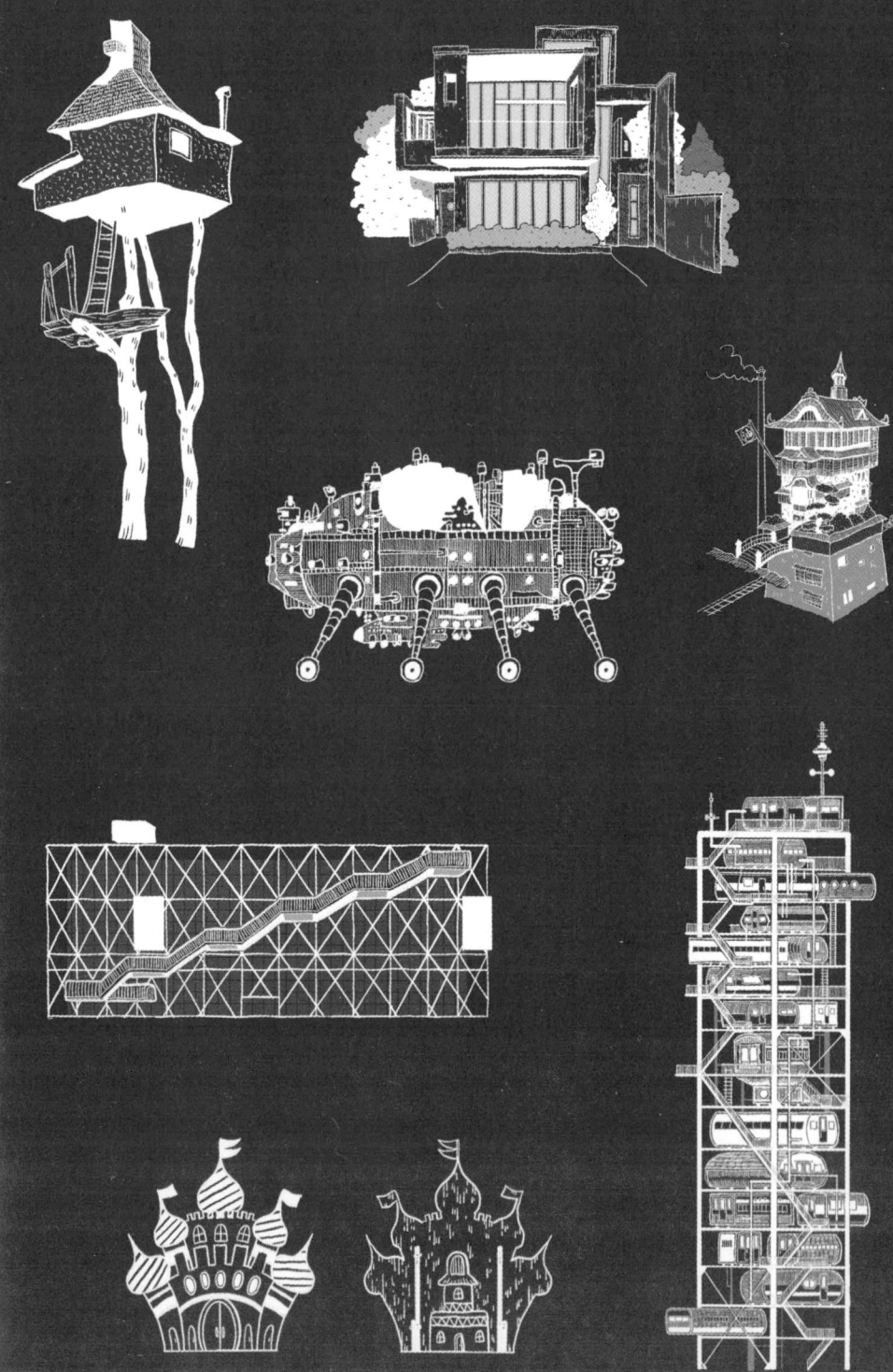

하울의 움직이는 성,
맨해튼을 걷다!

ANIME OTAKU NO IKKYUKENCHIKUSHI GA KENCHIKU NO OMOSHIROSA WO
TETTEI KAIBOU SURU HON
© NoMaDoS, NAOYA YOSHIKAWA 2024
Originally published in Japan in 2024 by Saizusha Corporation, TOKYO.
Korean characters translation rights arranged with Saizusha Corporation, TOKYO,
through TOHAN CORPORATION, TOKYO and BC AGENCY, SEOUL.
Korean translation rights © 2025 by GOOD WORLD (SOBO LAB)

이 책의 한국어판 저작권은 BC에이전시를 통해
저작권자와 독점계약을 맺은 조은세상에 있슙니다. 저작권법에 의해
한국 내에서 보호를 받는 저작물이므로 무단전재와 복제를 금합니다.

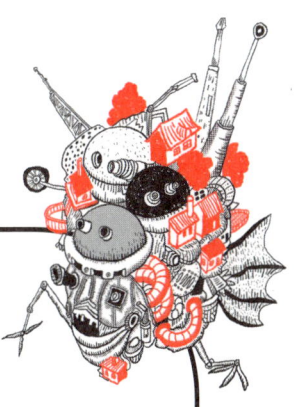

하울의 움직이는 성, 맨해튼을 걷다!

애니메이션 속 건축물 현실화 프로젝트

지은이 NoMaDoS
그린이 요시카와 나오야
옮긴이 서희경

introduction

시작하며

「센과 치히로의 행방불명」 유야 油屋 온천의 뻥 뚫린 공간, 명건축일까?
『주술회전』이 품은 일본 건축계의 '전통 논쟁'!
'쿠파성' 지붕에는 현실 세계에도 통하는 유머와 창의성이 담겨 있다?!

이 책은 만화와 애니메이션에 등장하는 건물들을 통해 건축의 재미를 이야기하고자 기획되었습니다. 현장에서 건축가로 활동하며, 건축에 관심 있는 분들이 생각보다 훨씬 많다는 것을 깨달았습니다.

"건축 잡지에서 세계 각지의 건축물을 보는 것이 좋아요!"
"세기의 걸작으로 꼽히는 건축물을 보고 감동했어요!"
"만화나 애니메이션에 나온 건축물이 실제로 구현 가능한가요?"

건축 종사자로서 이처럼 건축에 대한 관심이 높아지는 상황은 더없이 기쁩니다. 하지만 많은 분이 공통적으로 이런 아쉬움을 토로하시더군요. "그런데 건축 관련 전문 지식이 부족하다 보니, 겉모습에 감탄할 뿐, 건축물에 담긴 이야기는 온전히 이해하기 어려워요."

저는 이 지점에서 항상 깊은 아쉬움을 느꼈습니다.
'건축의 진정한 매력을 어떻게 하면 좀 더 쉽고 재미있게 대중과 나눌 수 있을까?' 이러한 고민 끝에 이 책을 출간하게 되었습니다. 건축과 서브컬처, 이 두 분야 모두에 깊이 빠져 있는 제가 보기에 만화나 애니메이션, 게임에 등장하는 건축물들은 흥미로운 요소로 가득합니다. 나아가 그 안에는 실제 건축물이나 건축 사상과 유의미하게 연결해 볼 수 있는 이야기도 다수 존재합니다.

이 책에는 총 13편의 만화, 영화, 게임을 다룹니다. 전문적인 내용보다는 친숙한 근현대 건축 문화 속에서 발견할 수 있는 흥미로운 부분을 중심으로 누구나 쉽게 공감할 수 있는 재미있는 이야기를 엄선했습니다.

뷔페에서 취향껏 음식을 고르듯 관심 있는 부분부터 자유롭게 읽으며 서브컬처의 매력에 푹 빠져보시길 바랍니다.

"건축에 대해 잘 모르면서 개인적인 호불호를 이야기해도 괜찮을까요?"
물론입니다! 건축은 우리 삶과 가장 밀접하게 맞닿아 있는 예술 작품이자, 누구나 오감으로 '체험'할 수 있는 살아있는 지식의 결정체입니다. 시대를 초월하는 세계적인 명건축물부터 우리가 매일 머무는 주택 그리고 오가는 상업 시설까지 이 모든 건축물은 건축주, 설계자, 시공자의 심혈을 기울인 노력으로 탄생한 훌륭한 작품입니다. 그러니 그 어떤 편견 없이, 오롯이 자신의 감각을 믿고 건축이 주는 경험을 있는 그대로 즐기시길 바랍니다!

자, 그럼 서론은 이쯤에서 마무리하고, 지금부터 흥미진진한 스토리와 눈을 뗄 수 없는 건축의 세계로 함께 떠나볼까요?

차례

시작하며 4

No. 001
마법소녀 마도카☆마기카
건축 디자인의 대혁명!
모던하고 멋진 근대 건축 5원칙

'멋진 건축'의 정체 18
건축에 자유를! 근대 건축 5원칙의 태동을 이끈 돔-이노 시스템 21
근대 건축은 여기서 시작되었다 22
지상과 옥상에 새로운 공간을 26

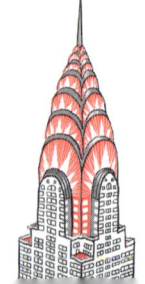
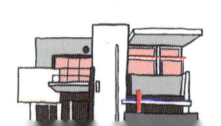

No. 002
닌텐도 슈퍼 마리오 시리즈
지붕은 자유다!
쿠파성에서 장난기 가득한 발상을 보다

머리 위에 '기호'를 얹다	32
일본 전통 지붕을 얹은 실제 건축물	35
지붕에 매료되는 건축물	38

No. 003
HUNTER×HUNTER
대체 어떻게 짓는 것일까?
독특한 역사와 아름다움을 지닌 타워 건축

최첨단 기술의 집약체, 타워 건축	46
바람을 제압하는 자가 하늘을 지배한다!	47
'빠르고, 멋지고, 안전한' 커튼월	52
타워는 무엇으로 만들까?	55
타워 건축 디자인의 역사	56

No. 004

레디 플레이어 원

일본이 탄생시킨 놀라운 기법!
생물처럼 형태를 바꾸는 건축물

메타볼리즘 건축이란?	62
'이게 된다고?' 재조합 가능한 캡슐 건축	65
탄탄한 근육질 구조체에 객실을 매단 호텔	68
현대적으로 해석된 새로운 메타볼리즘	71

No. 005

드래곤볼

마인 부우는 천재 건축가?!
꿈이 펼쳐지는 셀 구조

건축의 가능성을 확장하다	78
마인 부우의 집과 셀 구조 건축물	80
최신 셀 구조 기술	87

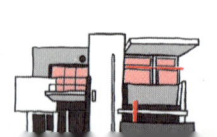

No. 006
센과 치히로의 행방불명

유바바의 디자인 감각!
유야 온천장에서 배우는 '비움'의 기술

건축의 개방감	92
체험을 디자인하는 보이드	94
건물을 관통하는 보이드	99
리노베이션과 보이드	105

No. 007
주술회전

건축사에 남을 큰 논쟁을 일으킨 작품!
주술 고등전문학교는 일본 전통 양식일까?

전통 논쟁과 세계적 건축가 단게 겐조	114
주술 고등전문학교, 야요이 건축의 재해석인가?	115
조몬과 야요이의 결합	119
일본 건축을 세계에 알린 전설, 단게 겐조	122

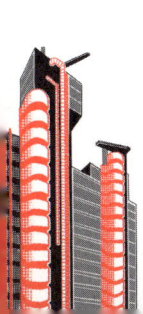

No. 008

ONE PIECE

많은 팬을 매료시킨 귀여움!
사랑스러운 '허세 건축'

상인의 지혜에서 탄생한 건축 양식	130
사랑스러운 건축물은 이렇게 탄생했다!	132
간판 건축은 민중의 캔버스다!	136
현대의 간판 건축은 도로변에 있다?	140

No. 009

신세기 에반게리온

NERV는 최강 요새였을까?
역사의 뒤편에서 탄생한 요새 건축의 세계

요새 건축은 실재했다!	144
도시 전체로 지켜라! 거대한 스케일의 요새 도시	147
방어에 전력을 다하다! 생활은 불편한 요새 건축	151

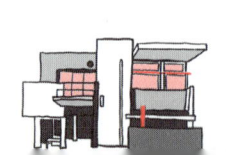

No. 010
게게게의 기타로
집은 주거 목적만이 아니다!
건축이 지닌 또 다른 가치란?

건축이 가진 또 하나의 의미	156
게게게 하우스는 실재했을까?	158
단순한 인용이 아닌, 샘플링 건축	162

No. 011

극장판 짱구는 못말려: 헨더랜드의 대모험

뾰족하게! 돋보이게!
화려하게 개성을 뽐내는 건축물

새로운 가치관을 창조한 신진 건축가들	168
질서를 파괴하라! 다다이즘 건축	170
심플하면 지루할까?	174
궁극의 '그럴듯함' 테마파크 건축	176

No. 012

하울의 움직이는 성

도시가 걸어 다닌다?!
'짓지 않는' 건축의 세계

건축의 해체	180
신기하고 희한한 워킹 시티	182
모든 것을 집어삼키는 미술관	186

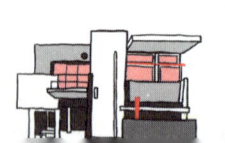

No. 013

찰리와 초콜릿 공장

비밀의 초콜릿 공장에는
최첨단 건축 기술이 집약되어 있었다!

건축 양식의 쇼룸	192
찰리의 집은 탈구축주의	194
움파룸파와 바이오미미크리	196
최첨단 과자 발명의 산실, 하이테크 건축	199
마치며	205
참고 문헌	208
저자 약력	211

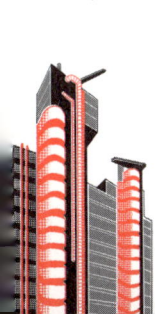

No. 001
마법소녀 마도카☆마기카

건축 디자인의 대혁명!
모던하고 멋진 근대 건축 5원칙

「마법소녀 마도카☆마기카」는 애니메이션 제작사 샤프트가 제작한 일본 오리지널 TV 애니메이션이다. 2011년 1월부터 4월까지 방영되었으며, 귀여운 그림체와 상반되는 어둡고 충격적인 세계관으로 큰 화제를 모았다. 이후 극장판, 소설 등 다양한 매체로 확장되었다.

'멋진 건축'의 정체

'모던하고 세련된 집이네!'
'스타일리시한 건물이다!'

주택가를 걷다가 이런 감탄사를 자아내는 건물을 마주할 때가 있다. 전통적인 목조 건축과는 달리, 상자처럼 네모반듯한 노출 콘크리트 건물에서 느껴지는 '왠지 유명 인사가 살 것 같다는 인상'은 이러한 건축 디자인의 특성 때문일 것이다.

'상자 같은 건물 = 모던'이라는 막연한 인식은 사실 건축학적으로도 정답에 가깝다. 이는 단순한 형태 속에 합리성과 기능성을 추구하는 새로운 건축 사상이 담겨 있기 때문이다. 바로 이 사상이 근대 건축이 지향했던 혁명적 변화의 시작점이다. 그리고 그 막연했던 '모던함'의 구체적인 실체는 근대 건축의 거장 르 코르뷔지에[1]가 제시한 '근대 건축 5원칙'에서 명확히 드러난다.

---

1 르 코르뷔지에
르 코르뷔지에는 근대 건축의 거장이자 혁명가로 불린다. 그는 '집은 살기 위한 기계'라고 정의하며, 장식적이고 비효율적인 기존 건축에 과감히 저항했다. 이러한 그의 철학은 근대 건축 5원칙을 통해 구체화되었고, 이는 건축에 새로운 시대를 열었다. 그는 건축을 예술이자 사회를 변화시키는 도구로 보았으며, 기능적이고 합리적인 설계를 통해 삶의 질을 향상시키고자 했다.

1920년대에 제안된 이 5원칙은 건축계에 혁명적 변화를 가져왔으며, 현재까지도 근대 건축의 표준으로 자리 잡았다. 실제로 현대의 많은 주택이나 건물이 바로 이 5원칙에 바탕을 두고 있다.

르 코르뷔지에의 5원칙은 근대 건축의 기반이자 핵심이며, 건축의 재미를 배우는 데 있어 결코 빼놓을 수 없는 필수 요소이다. 이 5원칙을 설명하기에 완벽한 건물이 있다. 바로 인기 애니메이션 「마법소녀 마도카☆마기카」에 등장하는 '카나메 마도카 저택'[2]이다.

흰색 바탕의 단순한 사각형 건물에 시원하게 트인 창, 그리고 녹색 포인트가 따스한 분위기를 절묘하게 연출한다. 누구나 인정할 만한 '모던 건축' 그 자체다.

실제로 건축가의 눈으로 보아도 마도카 저택은 5원칙이 자연스럽게 실현된 근대 건축의 모범 사례다. 어떤 분야든 기초는 중요하며, 건축도 예외는 아니다. 이 장에서는 마도카 저택의 뛰어난 디자인을 통해 르 코르뷔지에가 완성한 '근대 건축의 표준'에 대해 자세히 살펴보자.

2 카나메 마도카 저택
모더니즘 건축의 전형적인 저택이다.

카나메 마도카 저택 외관

전면에 개방형 창문이 설치되어 햇빛을 풍부하게 받아들인다.

2층 일부를 돌출시켜 반 옥외 공간을 만들었다.

백색을 기본으로 한 심플한 구조는 모던함의 전형을 보여준다.

풍성한 녹색 식물이 무기질적인 외관에 온기를 더한다.

건축에 자유를!
근대 건축 5원칙의 태동을 이끈 돔-이노 시스템

　근대 건축 5원칙을 설명하기 전에 '돔-이노 Dom-ino 시스템'을 먼저 알아야 한다. 이 시스템 없이는 근대 건축 5원칙 또한 성립될 수 없기 때문이다.
　돔-이노 시스템이 탄생하기 전, 유럽의 보편적인 건축 방법은 돌이나 벽돌을 레고 블록처럼 쌓아 올리는 '조적조 組積造'[3]였다. 이는 기둥과 보 대신 벽이 건물의 모든 하중을 지탱하는 구조 형태였다.

　조적조는 건물을 지탱할 두꺼운 내력벽이 곳곳에 필요하므로, 내부 공간을 넓게 만들거나 외벽에 큰 창을 내기 어려웠다. 이러한 특성 때문에 조적조 건물은 전체적으로 무게감이 있고 어두운 인상을 주곤 했다. 여기에 혁명적인 변화를 가져온 것이 바로 돔-이노 시스템이다. 돔-이노 시스템은 1914년, 근대 건축 5원칙이 제시되기 직전에 르 코르뷔지에에 의해 고안되었다.

3 조적조(組積造)
벽돌이나 돌을 쌓아 벽체를 구성하는 건축 방식이다. 특히 유럽은 우수한 석조 기술을 바탕으로, 화재 대비도 고려해 조적조 건축 문화가 크게 발달했다.

돔-이노 시스템[4]은 철근 콘크리트로 바닥판, 기둥, 계단이라는 최소한의 '뼈대'를 만드는 구조라는 점에서 조적조 구조와 결정적으로 다르다.[5] 즉, '건물 전체를 바닥과 기둥이 지탱하므로 벽을 제거해도 문제없다'는 개념이었다. 이로써 건축물은 '구조를 지탱하는 벽'으로부터 자유로워졌다.

작품에 여러 번 등장하는 마도카 저택의 화장실을 예로 들어 보자.[6] 압도적인 넓이를 자랑하는 이 공간을 보며, '화장실치고는 너무 넓은데?'라며 의아하게 여긴 사람도 많을 것이다. 이러한 넓은 내부 공간은 지지벽이 필요 없는 돔-이노 시스템 덕분에 가능했다. 지금은 당연하게 여겨지지만, 돔-이노 시스템이 처음 등장했을 당시에는 디자인의 가능성을 폭발적으로 확장한 혁명적인 발상이었다.

근대 건축은 여기서 시작되었다

돔-이노 시스템 덕분에 디자인의 지평을 넓힌 근대 건축은 르 코르뷔지에의 5원칙을 통해 그 모습을 구체화했다.

4 돔-이노 주택(Maison Dom-ino)
기둥과 바닥이 건물 전체를 지지하는 구조 방식이다. 라틴어로 집을 뜻하는 도무스(domus)와 도미노 조각을 결합한 언어유희로 도미노 게임의 조각처럼 구조체를 확장하는 모듈식 개념에서 착안되었다. 르 코르뷔지에는 돔-이노 시스템을 통해 철근 콘크리트의 구조적 특성을 본격적으로 건축에 구현하며 근대 건축의 혁신적인 가능성을 열었다.

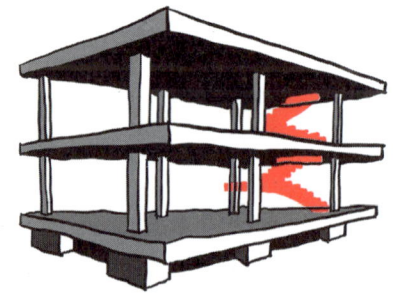

디자인 폭이 크게 확장된 근대 건축은 이후 어떻게 정의되어 갔을까?

앞서 마도카 저택을 근대 건축의 모범 사례라고 언급한 데에는 명확한 이유가 있다. 르 코르뷔지에의 대표작인 '빌라 사보아 Villa Savoye'와 매우 유사한 구조를 지녔기 때문이다. 근대 건축 5원칙은 빌라 사보아를 통해 완성되었다 해도 과언이 아니다.

르 코르뷔지에가 제안한 5원칙은 다음과 같다.

① 자유로운 평면
② 자유로운 입면(파사드)
③ 독립 골격에 의한 수평 연속 창
④ 필로티
⑤ 옥상 정원

그럼 마도카 저택과 빌라 사보아를 참고하며 이 5원칙을 하나씩 살펴보자.

6 마도카 저택 화장실
넓은 내부 공간을 확보하고 있다.

5 견고한 구조체
최근 일본에서는 견고한 구조체가 해안 지역 주민들을 위한 쓰나미 대피 건물 등에도 활용된다.

빌라 사보아 외관

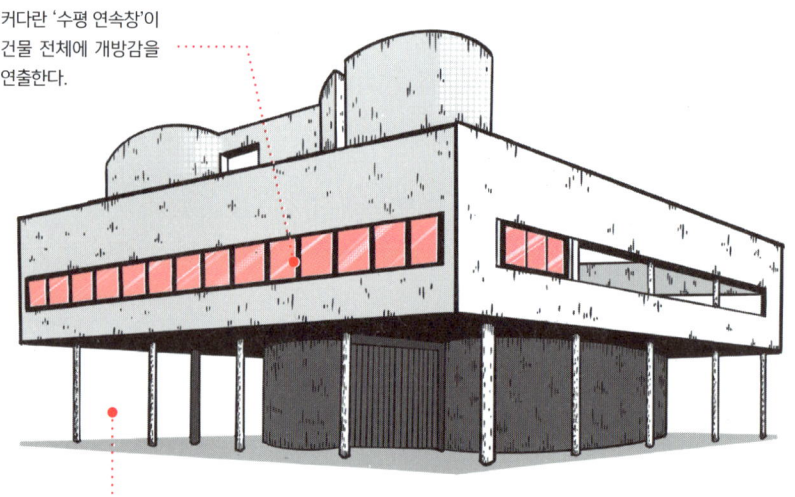

커다란 '수평 연속창'이 건물 전체에 개방감을 연출한다.

카나메 마도카 저택처럼 건물을 띄워 넓은 필로티를 확보했다.

빌라 사보아 평면도

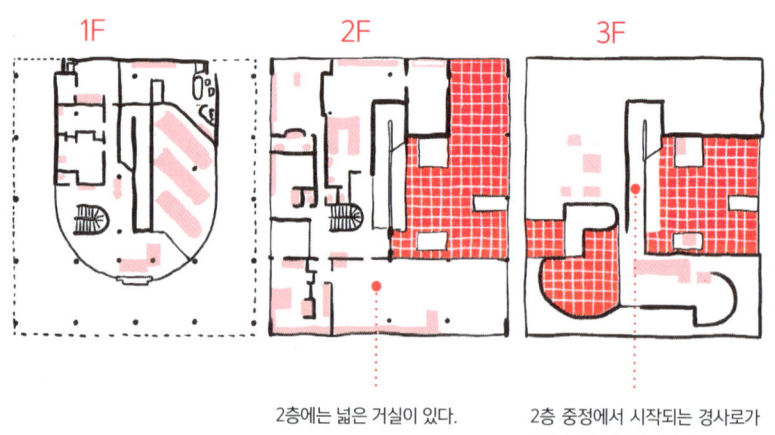

2층에는 넓은 거실이 있다.

2층 중정에서 시작되는 경사로가 옥상 정원으로 이어진다.

먼저 첫 번째 원칙인 '①자유로운 평면', 즉 평면 배치에 대해 알아보자. 돔-이노 시스템 덕분에 건축은 이전보다 훨씬 자유로운 설계가 가능해졌다. 빌라 사보아의 평면도를 보면, 2층에 넓은 거실 공간이 배치되고 중정에서 옥상으로 이어지는 경사로가 마련되는 등 계획의 자유도가 곳곳에서 드러난다. 이는 '자유로운 평면'이라는 말 그대로 사용자의 요구와 설계자의 의도에 따라 유연하게 디자인된 뛰어난 공간의 전형이다.

'구조 지지를 위한 벽'에서 해방된 것은 내부 공간뿐만이 아니다. 외벽에 더 이상 구조적 강도가 요구되지 않으면서, 외관을 개성적으로 만들거나 큰 창문을 설치하는 것이 가능해졌다. 이것이 바로 '②자유로운 입면'과 '③독립 골격에 의한 수평 연속 창'에 해당하는 요소이다.

수평 연속 창은 건축물에 탁 트인 '개방감'을 선사하는 핵심 요소이다. 마도카 저택의 발코니를 보면 바로 알 수 있듯이, 역동적인 전면 개방 구조와 그 뒤의 큰 창이 인상적이다.[7] 큰 창을 통해 내부로 풍부한 자연광을 들이는 동시에, 외관상으로도 개방적이고 쾌적한 생활을 연상시킨다.

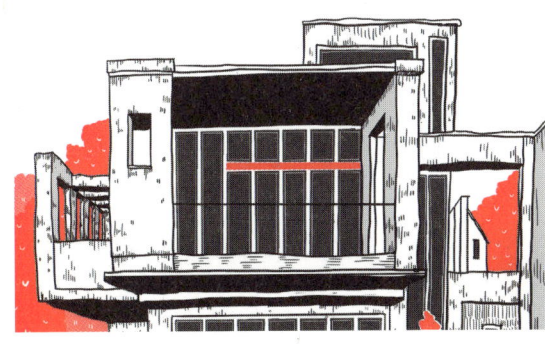

7 마도카 저택 발코니
넓은 발코니 공간이 특징이다.

이처럼 거주자의 편안함을 고려하는 동시에, 보는 이로 하여금 '저 집에 사는 사람이 부럽다'는 선망을 느끼게 하는 것 또한 건축가의 중요한 역량이다. 이러한 관점에서 마도카 저택은 우수한 건축물이라 할 수 있으며, 빌라 사보아 역시 마찬가지다. 두 건축물 모두 건축가인 나에게도 꿈의 주택이다.

지상과 옥상에 새로운 공간을

이제 남은 것은 '④ 필로티'와 '⑤ 옥상 정원'이다. 이 두 가지 원칙을 통해 건축에서 새로운 야외 공간의 형태가 모색되기 시작했다.

'필로티'는 기둥을 사용하여 건물을 들어 올림으로써 그 하부에 생기는 야외 공간을 말한다. 이는 야외와 실내의 중간 영역으로 기존의 1층 공간을 개방하는 새로운 시도였다. 빌라 사보아는 이 필로티를 활용하여 2층 거주 공간에 독특한 부유감을 만들어 내는 데 성공했다.[8] 서양의 성처럼 중후한 분위기를 가진 조적조 건물과 비교하면, 필로티가 주는 건물의 경쾌함을 한눈에 알 수 있다.

8 빌라 사보아 필로티
빌라 사보아의 필로티는 뛰어난 실용적 이점도 지닌다. 르 코르뷔지에는 당시 대중화되기 시작한 자동차를 가정마다 소유할 것으로 예상하고, 차량 동선을 고려한 곡선형 출입구와 차고를 설계하여 당시의 사회적 트렌드를 건축 디자인에 완벽히 반영했다.

카나메 마도카 저택의 경우, 2층 부분이 돌출되도록 설계하여 하부에 야외 공간을 만들어낸다. 이는 기둥으로 뜬 구조가 아니므로 엄밀히 말하면 필로티가 아니라 '캔틸레버 cantilever(한쪽 끝은 고정되고 다른 끝은 기둥 없는 처마 모양의 보)' 방식이지만, 건물 전체에 부유감을 주는 시각적 효과는 필로티와 유사하다.

마지막은 '옥상 정원'이다. 르 코르뷔지에는 평평한 지붕을 활용해 옥상을 사적인 정원이나 여가 공간으로 쓸 수 있다는 아이디어를 제시했다. 빌라 사보아의 2층은 중정을 품고 있는데, 여기서 경사로를 통해 옥상 정원으로 바로 접근할 수 있도록 설계되었다.[9] 가족만의 독립적인 공간으로 활용하기 좋은 옥상에 정원을 만들고, 중정과 직접 연결함으로써 개방감과 사생활 보호를 동시에 실현한 것이다.

작품 속에서 카나메 마도카 저택의 지붕에 대한 구체적인 묘사는 등장하지 않는다. 그러나 자세히 보면 지붕 높이까지 솟아오른 3층 부분이 확인되므로, 이 공간에서 지붕으로 나갈 수 있도록 설계되었을 가능성이 있다.

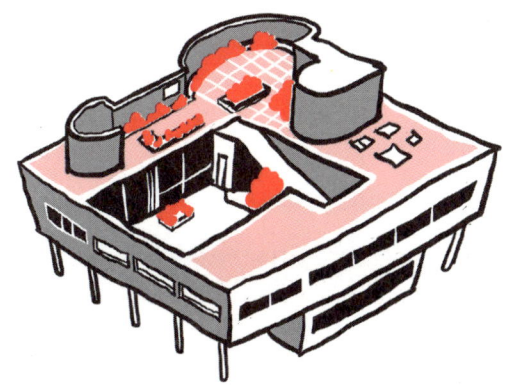

9 빌라 사보아 옥상 정원
2층 중정에서 경사로를 통해 접근할 수 있는 공간이다.

「마법소녀 마도카☆마기카」에서 가장 먼저 떠오르는 지붕 위 공간은 등장인물들의 주요 활동 무대인 미타키하라 중학교 옥상이지만, 카나메 마도카 저택의 옥상 공간 또한 건축적인 흥미를 자아낸다.

이제 우리가 현대 건축물에서 느끼는 '모던함'의 상당 부분이 르 코르뷔지에의 근대 건축 5원칙에서 비롯되었음을 이해했을 것이다. 그만큼 건축계에 지대한 영향을 미쳤으며, 많은 건축가에게 현대 건축의 표준으로 자리 잡았다.

한편, 르 코르뷔지에의 작업을 현대적인 맥락에서 재해석하고 발전시킴으로써 건축에 대한 새로운 시각을 제시하려는 건축가들이 등장했다. 예를 들어, 이토 도요오[10]의 '센다이 미디어테크'[11]는 보기만 해도 도전적인 조형미를 보여준다.

유리 외피 안으로 보이는 불규칙한 튜브형 기둥들이 건물을 지지하는 구조 역할을 함과 동시에 엘리베이터나 계단 같은 수직 이동 동선과 전기 배선, 각종 설비 배관을 품는 기능적 역할까지 수행한다는 점도 흥미롭다.

10 이토 도요오
세계적인 건축가로 2006년 왕립 영국 건축가 협회(RIBA)로부터 골드 메달을 받았으며, 2013년에는 건축계의 노벨상이라 불리는 프리츠커상 35대 수상자로 선정되었다. 교육자로서의 면모도 인정받아, 현재 활동하는 수많은 건축가가 이토 사무소 출신이다.

11 센다이 미디어테크

이러한 시도는 건축의 고정된 형태를 해체하고 투명성과 유동성을 강조하는 이토 도요오의 건축 철학을 극명하게 보여준다. 기존의 상식이 된 돔-이노 시스템에서 과감히 벗어나, '기둥'의 기능과 존재 방식에 대한 새로운 해석을 제시한 것이다.

　향후 돔-이노 시스템처럼 강력한 영향력을 지닌 아이디어가 또 나올 수 있을까? 만약 지금처럼 기술의 발전과 설계자의 도전이 활발히 교차하며 창의성을 계속 확장해 나간다면 머지않아 돔-이노 시스템을 능가하는 새로운 건축 패러다임이 탄생할지도 모른다.

COLUMN_01

마도카 저택의 원형은 다른 곳에도 존재했을까?

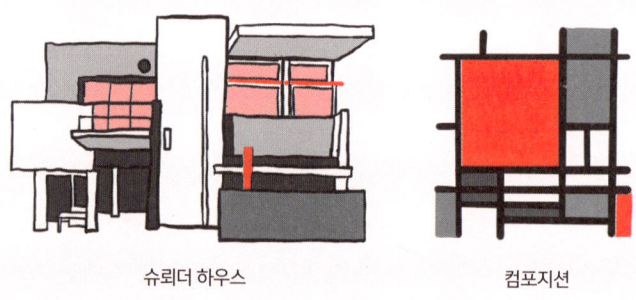

슈뢰더 하우스　　　　　컴포지션

카나메 마도카 저택 외에도 빌라 사보아와 유사한 유명 건축물이 존재한다. 바로 르 코르뷔지에와 동시대에 활동한 네덜란드 건축가 헤리트 토마스 리트벨트 Gerrit Thomas Rietveld가 설계한 '슈뢰더 하우스 Schröder House(1924년)'이다.

리트벨트는 회화와 건축을 모두 아우른 '데 스테일 De Stijl(신조형주의)' 이념을 전개한 그룹의 핵심 일원이었다. 데 스테일은 네덜란드어로 '양식(樣式)'을 의미하며, 이 그룹의 예술 분야에서는 피에트 몬드리안 Piet Mondrian의 작품 '컴포지션 시리즈 Composition Series'가 특히 유명하다. 데 스테일의 주요 특징은 '단순하고 비구상적인 형태' 및 '수평·수직의 선과 원색'의 활용이다. 실제로 삼원색과 수직·수평 요소를 바탕으로 구성된 슈뢰더 하우스의 외관에는 이러한 데 스테일적 요소가 가득하다. 이러한 건축적 특징을 염두에 두고 마도카 저택을 보면, 상자 같은 형태나 배색 방식 등에서 슈뢰더 하우스를 모티프로 삼았을 것으로 추정되는 부분을 발견할 수 있다.

애니메이션 「마법소녀 마도카☆마기카」의 제작사는 개성적인 영상 연출로 유명한 샤프트이다. 이 제작사는 특히 현대 예술을 연상시키는 독특한 색채를 구현하는 것으로 정평이 나 있다. 실제로 작품 속에서는 회색 계열의 무채색 배경에 삼원색을 효과적으로 활용하여 생동감을 극대화했다. 따라서 건축이나 예술에 관심 있는 사람이라면 자연스럽게 데 스테일 양식이나 슈뢰더 하우스의 영향을 떠올릴 수 있을 것이다.

결론적으로, 「마법소녀 마도카☆마기카」는 건축과 미술 등 다양한 콘텐츠를 아우르는 시각적 걸작으로 평가할 만하다.

No. 002
닌텐도 슈퍼 마리오 시리즈

지붕은 자유다!
쿠파성에서 장난기 가득한 발상을 보다

닌텐도가 선보인 인기 액션 게임 슈퍼 마리오 시리즈의 첫 작품인 「슈퍼 마리오 브라더스」는 1985년에 출시된 이래 일본을 넘어 전 세계에서 지금까지 꾸준히 사랑받고 있다.

머리 위에 '기호'를 얹다

전 세계에서 3억 4천만 장 이상 판매된 「슈퍼 마리오 시리즈」는 설명이 필요 없을 정도로 수많은 사람이 플레이한 대작이다. 여기서 주목할 것은 마리오가 아닌 그의 숙적 쿠파 대왕의 본진인 '쿠파성'이다.

아마도 이곳은 '세계에서 가장 많이 공략된 성'일 것이다. 나 역시 피치 공주를 구하기 위해 여러 번 방문했는데, 건축가로서의 호기심을 자극했던 부분은 바로 그 코믹한 외관이다.

쿠파성은 외관상 전통적인 조적조 방식으로 지어졌다고 추측된다. 흥미로운 지점은 견고한 조적조 구조와 대비되는 장식 요소다. 입구 위에는 쿠파의 얼굴을 본뜬 조각이 있고, 성 곳곳에는 노란 가시가 박혀 있는데, 이는 침입자를 위협하기 위한 실용적 기능보다 상징적인 의미가 더욱 강하다. 중앙의 돔 지붕에도 쿠파의 등껍질을 닮은 노란 가시들이 박혀 있다.

쿠파성은 전형적인 서양식 성 위에 쿠파의 상징을 덧씌운 다소 엉뚱한 양식이다.[1] 특히 지붕은 기능성이나 합리성보다는 '단순한 장식'으로 인식

1 쿠파성의 가시
도심의 건축물에서도 뾰족한 가시를 종종 볼 수 있는데, 이는 새를 쫓기 위한 순수한 실용적 목적이 있을 뿐이며, 쿠파성의 상징적인 가시와는 본질적으로 그 성격이 다르다. 이러한 점에서 실제 건축물에 사용되는 가시와 비교했을 때, 쿠파는 새들에게는 의외로 친절하다고 볼 수도 있다.

쿠파성

쿠파의 가시 돋친 등껍질을 본뜬 디자인으로 침입자를 저지하는 위압감을 준다.

중앙에는 성주인 쿠파 대왕의 얼굴을 형상화한 디자인이 장식되어 있다.

성 자체는 서양 성에서 흔히 볼 수 있는 조적조를 사용한 기본적인 구조이다.

될 수 있다. 그러나 플레이어가 한눈에 '여기는 쿠파의 성이구나!'라고 알아볼 수 있도록 디자인된 효과적인 장치이기도 하다.

이러한 특징은 비단 쿠파성에만 한정된 것이 아니다. 애니메이션이나 게임, 만화 등에 등장하는 건물의 지붕이 캐릭터를 본뜬 형태로 설계된 사례는 적지 않다. 「날아라 호빵맨」에 등장하는 '세균성'도 그중 하나다. 지붕에 덧붙여진 장식은 상징이자, 소유주를 명확히 드러내는 기호로서 기능한다.

이처럼 '머리(지붕)에 기호를 올리는' 아이디어는 허구 세계의 건축물뿐만 아니라 현실 세계의 건축물에도 적용된다. 건물에서 가장 눈에 띄는 지붕은 시각적인 인상을 강하게 남길 수 있는 최적의 장소이기에 대담한 변형이나 화려한 장식을 더하기도 한다.

이 장에서는 건축가가 시각적으로 흥미롭게 활용하는 지붕의 세계를 살펴보자.

일본 전통 지붕을 얹은 실제 건축물

일본에는 쿠파성에 견줄 만큼 독특한 실제 건축물이 있다. 20세기 초 등장한 '제관양식 帝冠樣式 Imperial Crown Style' 건축이다. 제관양식의 대표적인 건축물로는 도쿄 우에노에 있는 '도쿄 국립박물관'이 꼽힌다.

언뜻 보면 근대적인 철근 콘크리트 구조의 건물이지만, 그 위에는 전통적인 일본식 기와지붕이 얹혀 있다. 이는 쿠파성의 가시 돋친 갑옷 지붕에 비견할 만하다.

이 기와지붕은 일본 전통을 상징하는 듯한 형상으로, 마치 건축물의 머리 위에 얹은 기호처럼 기능한다. 전체적인 인상이 세심하게 정리되어 언뜻 파악하기는 쉽지 않지만, '지붕과 건물이 상이한 방식으로 설계되었다'는 점에 주목하면 그 이질적인 매력에 깊은 흥미를 느낄 수 있다.

도쿄 국립박물관은 디자인적 완성도가 높고 당시 최신 기술이 사용되었다는 평가를 받아 '구 도쿄 제실박물관 본관'으로서 중요 문화재로 지정되었다. 앞으로도 오랫동안 많은 사람에게 사랑받는 건축물로 남을 것이다.

도쿄 국립박물관

지붕에는 전통적인 일본풍 기와가 사용되었다.

기단은 서양풍 철근 콘크리트 구조의 건물이다.

도쿄 국립박물관을 설계한 건축가는 와타나베 진 渡辺仁으로, 1931년 공개 공모전에서 그의 작품이 선정되었다. 당시 일본 건축계에는 모던한 서양 건축을 도입하면서도 동시에 일본 건축의 전통성을 표현하려는 노력이 있었다. 와타나베가 고안한 '제관양식'은 이러한 흐름을 잘 반영한 결과였다.

그의 제안은 널리 수용되었고, 도쿄 국립박물관을 계기로 다른 건축 디자인 공모 요건에도 '일본취미 日本趣味(일본 전통 디자인 요소 활용)'라는 표현이 포함되기 시작했다. 그러나 이 흐름도 오래가지 못했다. 이후 진행된 도쿄 제실박물관 공모에서 모더니즘을 주도한 신진 건축가들이 '일본취미' 기재에 반발한 것이다.

목재에 적합한 조형이 일본 건축의 전통이 되었듯, 철근 콘크리트라는 새로운 재료에 걸맞은 조형 또한 차세대 전통이 될 수 있다고 주장했다. 그들은 낙선을 각오하고 공모전에 모더니즘 안을 제출했다. 그들은 이후 일본 건축계에서 모더니즘을 이끈 주류가 되었다. 덧붙여 당시 모더니즘의 대표 건축가인 마에카와 쿠니오 前川國男가 제출한 안은 르 코르뷔지에의 빌라 사보아를 연상시키는 심플한 사각형 박스에 필로티가 적용된 형태였다.[2]

> **2 마에카와 쿠니오의 제출안**
> 근대 건축의 거장 르 코르뷔지에 사무소에서 근무했던 최초의 일본인 마에카와 쿠니오가 귀국 후 구상한 건축안으로, 르 코르뷔지에의 강한 영향이 명확히 드러난다. 이 제출안은 단순한 모방을 넘어, 당시 일본 건축계에 서구 모더니즘의 도입을 알린 중요한 시도로 평가받는다.

이후 1937년 중일전쟁 발발로 철재 부족이 심화되어 장식적인 건축물 건설이 어려워졌고, 전후 민주주의가 확산되면서 '일본취미는 파시즘에 가담하는 것'이라는 비판까지 받게 되자, 제관양식은 완전히 쇠퇴했다.

지붕에 매료되는 건축물

쿠파성과 제관양식 사례에서 보았듯, 지붕은 건축물의 특징이 가장 잘 드러나는 부분이자 건축가에게 가장 자유로운 표현 공간 중 하나다. 그렇다면 그 이유는 무엇일까? 건축물을 디자인할 때는 항상 다음과 같은 제약이 따른다.

- 높이 제한
- 구조 제약
- 비용 절감

건축가는 한정된 조건 속에서 공간을 효율적으로 활용하기 위해 벽을

3 건축 디자인의 현실
건축 디자인은 항상 비용과의 싸움이다. 비용 절감과 미관 향상 기술은 건축가의 필수 역량이다. 동시에 건축 기준법에 따른 '법규' 또한 고려 대상이다. 예를 들어, 목재는 불연 처리하지 않으면 법규에 위반되는 경우가 많다. 그래서 저렴하면서도 따뜻한 느낌을 연출할 수 있는 나뭇결 시트로 대체하는 등의 아이디어가 필요하다. 법규 심사 통과를 위한 협의 또한 건축가의 기본 업무이다. 건축 디자인이 예술적이고 근사한 일처럼 보일지라도, 그 이면에는 수많은 현실적인 제약과 지루한 작업이 따르기 마련이다. 그럼에도 바로 이러한 제약과 씨름하는 과정이야말로 건축의 예술성을 현실에서 구현하고 더욱 빛나게 하는 역설적인 즐거움이기도 하다.

세우고 층수를 늘리는 등 수많은 합리적인 판단을 내린다.³ 이러한 제약 속에서 상대적으로 자유로운 구역이 바로 지붕이다.

최상부에서 공간을 완성하는 지붕은 비교적 조형의 자유도가 높다. 지붕이 아무리 특이한 형태여도, 그 아래에 최소한의 공간만 확보되어 있다면 사람들이 자유롭게 활동할 수 있기 때문이다.

이렇듯 지붕은 건축가의 상상력을 담아낼 무한한 가능성을 지닌다. 이제 독창적인 지붕을 얹은 실제 건축물들을 몇 가지 만나보자.

첫 번째는 야마가타현에 있는 '쇼긴 타쿠토 쓰루오카 荘銀タクト鶴岡'이다. 일본을 대표하는 건축가 유닛 SANAA의 일원인 세지마 카즈요 妹島和世가 설계한 이곳은 1,120석 규모의 대형 홀을 갖춘 시립 문화회관이다.

아름다운 산들로 둘러싸인 쇼나이 평야에 자리한 쓰루오카시. 이곳에 위치한 쇼긴 타쿠토 쓰루오카는 지붕이 유려한 곡선을 그리며 주변 산의 능선과 어우러지도록 설계되었다.⁴ 현지 장인들이 판금을 수작업으로 붙여 완성한 것이 특징이다.

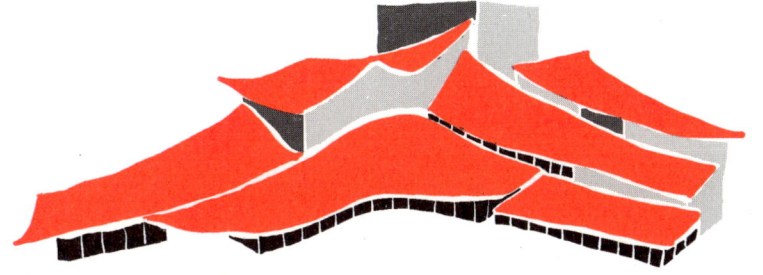

4 쇼긴 타쿠토 쓰루오카

더불어 지붕의 고저차는 주변 풍경과 조화뿐만 아니라, 천장이 높은 홀 공간을 만들어내는 등 내부의 기능과도 유기적으로 연결된다. 이러한 정교한 지붕 설계를 위해서는 시행착오를 반복하며 최적의 해법을 찾아가는 과정이 필수적이기에, 상당한 시간과 노력이 투입된다.

쿠파성이 주변과 대비를 이루며 자신을 과시하는 건축이라면, 쇼긴 타쿠토 쓰루오카는 풍경에 스며드는 조화를 추구하는 건축이다.

다음으로 소개할 건축물은 루이스 칸 Louis I. Kahn이 설계한 '킴벨 미술관 Kimbell Art Museum'이다. 미국 텍사스주 포트워스에 위치한 이곳은 반원형의 콘크리트 지붕이 특징인데, 언뜻 카마보코(일본 전통 어육 가공식품) 모양의 건물들이 단조롭게 늘어선 듯 보여 특별한 감흥을 주지 않을 수도 있다. 이 건축물의 진가는 내부 공간에서 온전히 드러난다.

반원형 지붕의 정점에 길쭉한 틈(슬릿)이 설치되어 있는데, 이 틈으로 스며든 자연광은 슬릿 하단에 설치된 반사판에 부딪혀 천장면으로 확산되며 내부 공간을 은은하게 비춘다.

킴벨 미술관 외관

킴벨 미술관에는 여러 개의 아름다운 반원형 지붕이 줄지어 있다.

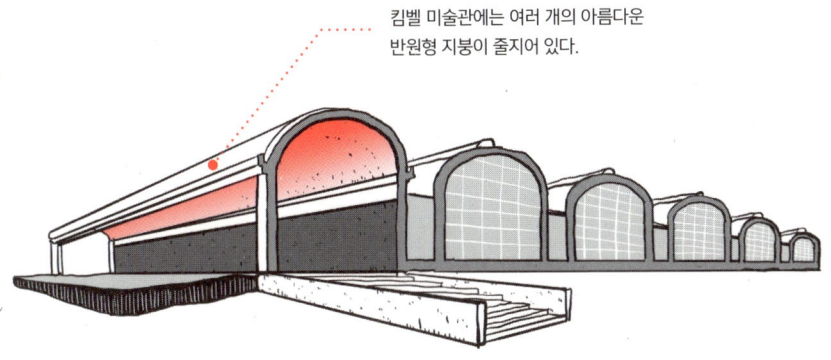

킴벨 미술관 내부

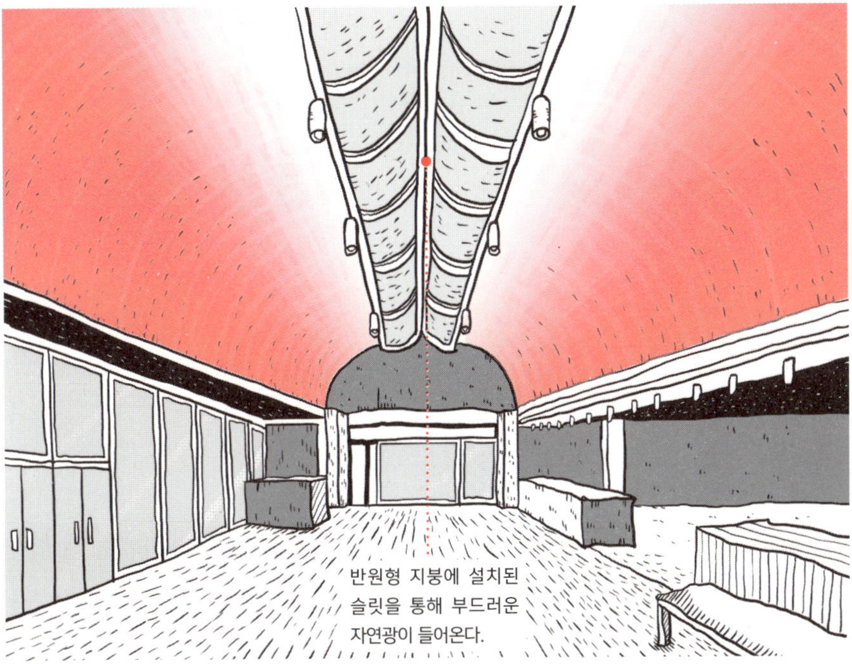

반원형 지붕에 설치된 슬릿을 통해 부드러운 자연광이 들어온다.

미술관에서 빛(조명과 채광)은 전시물과 불가분의 관계를 맺는다. 킴벨 미술관은 독특한 슬릿으로 자연광을 섬세하게 조절하고 활용하여 전시물을 은은하게 비추는 정교한 설계를 선보였다.

이처럼 개성적인 지붕 디자인에는 건축가의 여러 의도가 담겨 있다.
쿠파성처럼 상징적인 역할을 부여할 수도 있고, 쇼긴 타쿠토처럼 풍경과 조화를 이룰 수도 있으며, 킴벨 미술관처럼 내부 공간에 빛을 접목하는 역할을 맡길 수도 있다. 즉, 지붕은 건축가의 의도, 더 나아가 성격까지 엿볼 수 있는 가장 표현적인 부분이다.

거리에서 눈에 띄는 지붕을 발견했다면, 건축가의 디자인 과정을 상상해 보자. 건축가의 숨은 의도를 추리하며 감상하는 특별한 즐거움을 경험하게 될 것이다.

COLUMN_02

일본 전통 양식이란 무엇인가?

스타벅스, 다자이후 텐만구 오모테산도점

건축에서 일본의 전통을 상징하는 요소란 무엇인가? 이는 현재도 활발히 논의되는 주제다.

이러한 논의가 지속되는 가운데 꾸준히 '일본 전통' 건축을 선보이며 명성을 얻고, 목재를 통해 일본 고유의 정서와 미학인 '와(和)'를 표현하는 건축가가 바로 쿠마 켄고 隈研吾다. 단층 가옥을 쌓아 올린 듯한 형태인 '아사쿠사 문화관광센터', 전통 목조 짜맞춤 組木 기법을 재해석한 '스타벅스 다자이후 텐만구 오모테산도점', 일본 건축과 정원의 조화가 돋보이는 '네즈 미술관' 등 그의 대표작들은 이미 널리 알려져 있어, 미디어를 통해 접했거나 직접 방문한 이들도 많다. 그는 '쿠마 켄고라면 목재'라는 이미지를 전 세계에 알리며 현대 일본을 대표하는 건축가 중 한 명으로 자리매김했다.

하지만 다른 한편으로는 '목재를 사용하면 일본 전통 양식이라는 발상은 지나치게 안이하다'는 비판도 존재한다. 물론 쿠마 켄고는 목재 외에도 다양한 소재로 훌륭한 작품을 선보였지만, 건축계는 이처럼 정답이 없는 '일본 건축의 전통은 무엇인가?'라는 본질적 물음에 대해 계속 고민해야 한다.

쿠파성이 게임의 진화와 함께 변화를 거듭해 왔듯, 건축에서도 전통 양식은 시대성을 반영하며 진화해 왔다. 그리고 앞으로도 끊임없이 새로운 가능성을 열어갈 것이다.

No. 003
HUNTER×HUNTER

대체 어떻게 짓는 것일까?
독특한 역사와 아름다움을 지닌 타워 건축

『주간 소년 점프』에서 1998년부터 연재를 시작한 토가시 요시히로의 만화 작품 『헌터×헌터』는 세밀한 스토리와 화려한 액션으로 전 세계적인 인기를 끌며 수많은 열성팬을 확보했다. 이 작품은 애니메이션 시리즈로도 제작되었다.

최첨단 기술의 집약체, 타워 건축

1920년대부터 세계 주요 도시에는 큰 변화가 찾아왔다. 각 도시는 저마다의 발전상을 과시하고 상징하고자 고층 건축물인 스카이스크레이퍼를 경쟁적으로 건설하기 시작했다.

스카이스크레이퍼는 마천루 또는 초고층 건축물로 불리지만, 그 정의는 시대와 기술의 발전에 따라 끊임없이 변화한다. 과거에는 60m 정도만 넘어도 스카이스크레이퍼로 여겨졌지만,[1] 고층화 추세가 가속화되면서 이제는 일반적으로 100m 또는 150m 이상의 건축물을 지칭하게 되었다. 이러한 기준의 변화는 단순히 기술 발전을 넘어, 높이의 한계를 끊임없이 탐구하려는 인간의 지향점과 건축적 도전이 반영된 결과라 할 수 있다.

기술 발전과 도시의 고도화 속에서 초고층 건축물은 높이 기록을 경신하고 있다. 그러나 초고층 건축물 그 자체가 지닌 가치는 단순히 수치적인 비교에만 국한되지 않는다. 예를 들어, 지진과 바람에 대한 안정성과 사용성을 확보하고 내구성을 증진하고자 내진·내풍 설계 관점에서 치밀하게 계산된

[1] 고층 건축물의 기준 변화
고층 건축물의 기준은 시대적 기술 발전과 함께 꾸준히 변화해왔다. 이는 건축가들이 항상 최신 기술과 법규를 탐구하게 만드는 중요한 동력이 된다.

구조물은 여타 건축물에서 찾아볼 수 없는 독특한 아름다움을 선사한다. 더불어 스카이스크레이퍼는 국가나 지역을 상징하는 '랜드마크' 역할을 수행하므로, 디자인 측면에서도 독자적인 진화를 이룬 매우 흥미로운 분야다. 요컨대, 건축가와 국가 모두에게 고도의 기술과 최첨단 디자인 역량이 총동원되는 대규모 건축 프로젝트다.

이 장에서는 만화 세계에서도 가장 높은 타워 건축물 중 하나로 유명한 『헌터×헌터』의 '천공투기장'을 소재로 삼아, 고층 건축의 세계를 탐구해 보자. 하늘을 찌를 듯 솟아오른 타워는 수많은 제한을 극복해 온 고층 건축 분투의 역사를 보여준다.

바람을 제압하는 자가 하늘을 지배한다!

『헌터×헌터』공식 설정집 등에 따르면 천공투기장은 지상 251층, 높이 991m로 만약 현실에 존재한다면 세계 최고층 건축물로 기록될 것이다. 하지만 작중 세계관에서는 이 높이가 고작 4위라는 점이 놀랍다.

부르즈 할리파

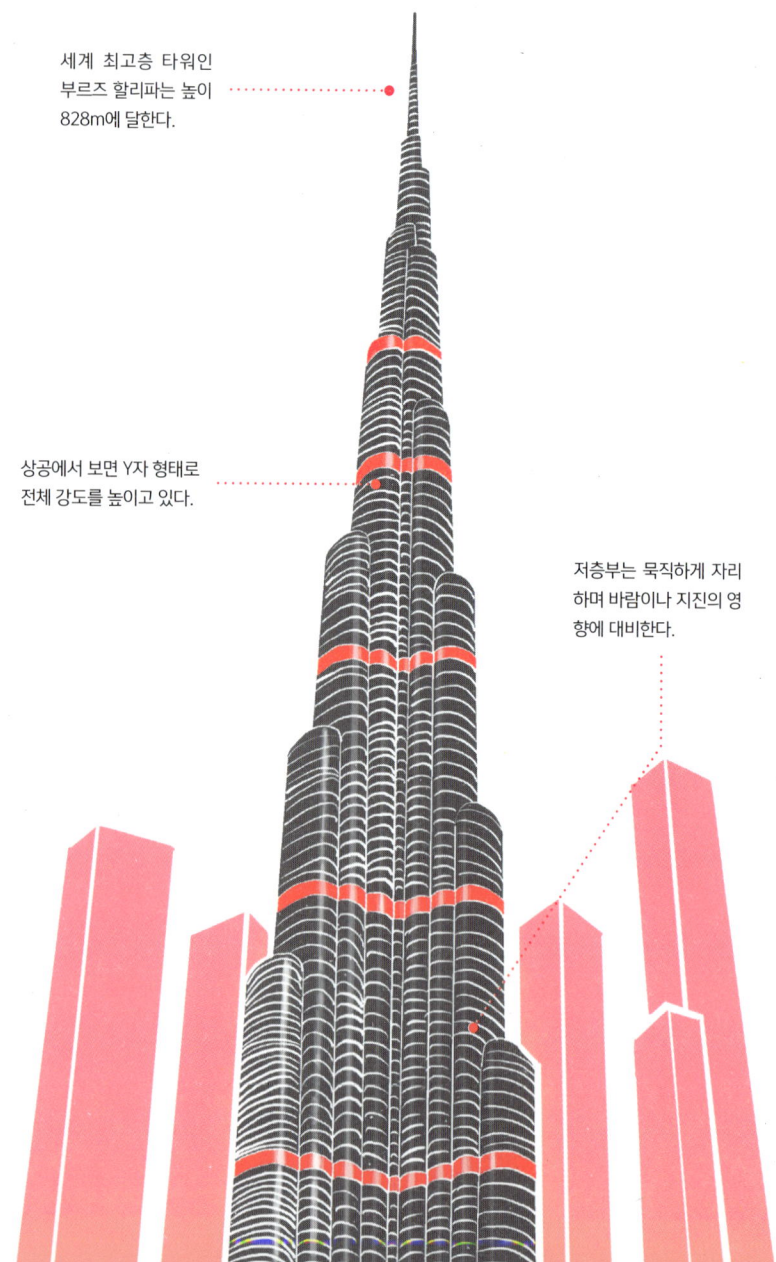

세계 최고층 타워인 부르즈 할리파는 높이 828m에 달한다.

상공에서 보면 Y자 형태로 전체 강도를 높이고 있다.

저층부는 묵직하게 자리하며 바람이나 지진의 영향에 대비한다.

현실 세계에서는 높이 828m의 부르즈 할리파가 가장 높은 건축물이다.[2] 2010년 아랍에미리트 두바이에 완공되었으며 호텔, 아파트, 사무실 등을 갖춘 복합 건물이다. 설계는 미국 시카고에 본사를 둔 스키드모어, 오윙스 & 메릴 SOM: Skidmore, Owings & Merrill LLP이 맡았는데, 이들은 초고층 건축 분야에서 독보적인 전문성을 자랑하는 대형 설계 조직이다.

상상 속 천공투기장부터 현실의 부르즈 할리파까지, 초고층 건축물은 경이로운 높이로 사람들의 시선을 압도한다. 이 거대한 구조물이 어떻게 그 높이를 지탱하는지 궁금한 사람이 많을 것이다.

그 해답의 중심에는 정교한 바람 제어 기술이 있다. 상공의 바람은 상상 이상으로 거세고 변덕스럽기 때문이다. 시속 150km를 초과하는 강풍[3] 속에서 건물의 골조 강도, 외벽, 유리 모두 이에 대응하도록 설계해야 한다.

타워의 형태 자체도 창의적인 설계가 요구된다. 바람이 건물에 부딪히면 상하좌우로 분산되어 하강풍, 상승풍, 와류 등 복잡한 기류를 발생시키기 때문이다. 이를 최소화하기 위해 건물의 모서리를 둥글게 다듬거나 저층부를 견고하게 디자인하는 등의 방법을 사용한다.

2 세계에서 가장 높은 건축물
부르즈 할리파 이전에는 높이 508m의 '타이베이 101(2004년)'이 세계에서 가장 높은 건축물이었다.

3 시속 150km를 초과하는 강풍
나무나 전봇대 등이 쓰러질 정도로 매우 강력한 바람이다.

이러한 설계는 단순히 구조적 안전을 확보하는 것을 넘어, 건축물에 바람의 흐름을 조각한 듯한 유려하고 역동적인 외관을 부여하기도 한다. 이 점을 고려해 부르즈 할리파를 살펴보면, 평면상으로는 Y자 모양을 취해 중심부를 견고히 지지하고 바람으로 인한 비틀림을 방지하는 구조임을 알 수 있다.[4] 또한 저층부는 넓고 상부로 갈수록 나선형을 이루며 좁아지는 형태 또한 인상적이다. 이는 바람의 영향을 디자인에 현명하게 반영하여 고도의 기술로 해결한 설계의 정수라 할 수 있다.

천공투기장 역시 상부로 갈수록 좁아지는 첨탑형 디자인이며, 부르즈 할리파와 유사하게 넓게 펼쳐진 기저부는 초고층 건축물이 겪는 강풍과 흔들림에 대한 대비가 설계 단계부터 철저히 이루어졌음을 짐작하게 한다.

특히 경기장 외관에 불규칙하게 배치된 돌출부들이 눈에 띈다. 이러한 돌출부들은 바람의 영향을 크게 받을 수 있는 요소지만, 정밀한 공기역학 분석과 구조 역학적 계산을 통해 균형을 맞췄을 것이다. 만약 이처럼 복잡한 건축물을 현실에서 구현할 수 있는 이가 있다면, '넨 능력자'에 버금가는 놀라운 재능을 지닌 인물임이 틀림없다.

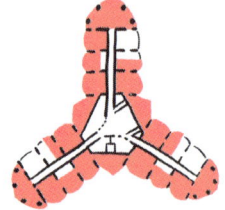

4 초기 초고층 건축물
뉴욕의 초기 마천루 빌딩들처럼, 초창기 초고층 건축물은 사각형(오른쪽) 형태가 많았다. 이후 더 높고 안정적인 설계가 요구되면서 점차 상부로 갈수록 좁아지는 뾰족한 형태(왼쪽)의 타워가 등장했다.

천공투기장

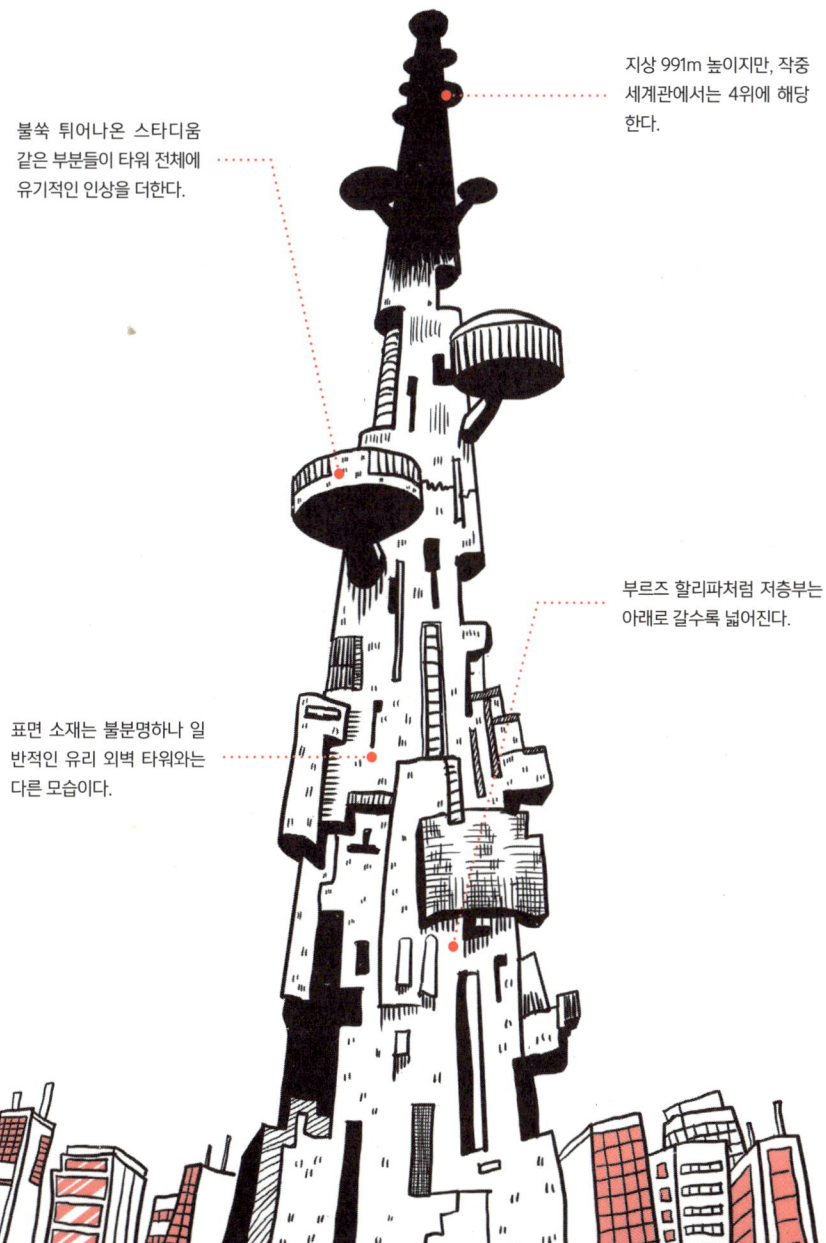

불쑥 튀어나온 스타디움 같은 부분들이 타워 전체에 유기적인 인상을 더한다.

지상 991m 높이지만, 작중 세계관에서는 4위에 해당한다.

부르즈 할리파처럼 저층부는 아래로 갈수록 넓어진다.

표면 소재는 불분명하나 일반적인 유리 외벽 타워와는 다른 모습이다.

'빠르고, 멋지고, 안전한' 커튼월

부르즈 할리파와 같은 초고층 빌딩은 한눈에 알아볼 수 있는 공통 특징이 있다. 바로 외벽이 유리로 덮여 있다는 점이다. 도심의 유리 외벽 고층 건축물은 대부분 '커튼월 Curtain Wall'이라는 공법으로 시공된다. 이름 그대로 건축물 골조에 커튼처럼 매달아 설치하는 외벽 시스템을 말한다.

1800년대 후반, 건축의 고층화가 진행되면서 바람이나 지진으로 건물이 흔들릴 때 가해지는 부하 때문에 벽이 손상되는 문제점이 대두되었다. 이러한 문제를 해결하기 위해 건물의 자체 무게 및 적재 하중은 기둥과 보로 지지하고, 외벽은 구조체에 독립적으로 매달아 설치하는 커튼월 공법[5]이 탄생했다. 실제로 세계 최초의 커튼월은 1851년에 런던에서 완공된 '크리스탈 팰리스 The Crystal Palace'로 알려져 있다.

이 원리는 르 코르뷔지에가 근대 건축 5원칙에서 제시한 '돔-이노 시스템'의 핵심과 동일하다. 건물의 하중을 기둥과 보로 지지함으로써 외벽이

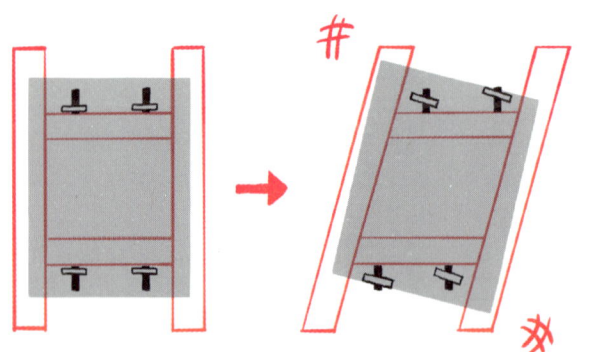

5 커튼월 공법
커튼월은 건물의 하중을 지지하지 않는 비구조 외벽이다. 구조체(골조)에 커튼처럼 매달려 있어, 지진이나 바람으로 골조가 변형되거나 흔들려도 외벽 자체에는 직접적인 구조적 하중이 전달되지 않는다.

구조적인 역할을 하지 않아도 되는, 즉 비구조적인 외벽이 가능해지는 이 개념은 고층 건축에도 고스란히 적용된다. 이는 근대 건축의 창시자로서 그의 영향력이 얼마나 광범위한지 보여주는 대목이다.

 고층 건축에서 커튼월이 주류로 자리 잡은 주된 이유는 공사의 용이성 때문이다. 건축 공사는 크게 콘크리트처럼 물을 사용하는 전통적인 '습식'과 그 반대인 '건식'으로 나뉜다.
 습식 공법인 콘크리트 타설은 현장에서의 대응이 유연하다는 장점이 있지만, 액체 상태의 콘크리트를 고층까지 운반하고 굳히는 데 오랜 시간이 소요되어 공사 효율이 떨어진다는 단점이 있다. 반면, 건식 공법인 커튼월은 공장에서 부품을 제작하여 현장에서 조립하는 방식이므로 현장 작업 시간을 크게 줄이고 효율을 높일 수 있다.[6]
 이처럼 건식 공법의 도입은 고층 건축물의 건설 속도와 현장 시공 편의성을 획기적으로 향상시켰다. 이는 건축을 공장에서 생산되는 제품처럼 규격화하고 대량화하려는 시도로 이어져, 현대 건축 산업화의 중요한 토대가 되었다.

6 건식 공법의 한계
부품의 크기가 잘못될 경우 처음부터 다시 제작해야 하므로, 현장 대응의 유연성이 떨어진다는 한계를 지닌다.

이제 다시 천공투기장으로 시선을 돌려보자. 그 유기적인 형태와 비유리 외관 때문에 커튼월이 아닐 것이라 짐작하기 쉽지만, 사실 커튼월은 유리 외에도 다양한 소재로 제작될 수 있다.

대부분의 초고층 건축물이 유리로 덮인 이유는 자연 채광이 탁월하기 때문이다. 또한, 유리가 주변 풍경을 반사하거나 투영함으로써 거대한 건물이 환경과 조화롭게 어우러지도록 하고 시각적 위압감을 덜어주고 구조물의 무게를 줄이는 등 여러 장점도 있다.

유리 외에도 콘크리트 부품을 공장에서 제작하여 현장에서 조립하는 'PC Precast Concrete 커튼월'[7] 방식도 있다. 유리로는 구현하기 어려운 독특한 형태나 질감의 외관 디자인을 추구하거나, 현장 시공 효율성을 극대화하고자 할 때 주로 활용된다.

비용과 공사 효율을 고려할 때, 천공투기장은 PC 커튼월 방식으로 설계되었다고 보는 것이 자연스럽다. 고도의 시공 정밀성을 요하지만, 습식 방식보다는 훨씬 실현 가능성이 높다.

---

7 PC
프리캐스트 콘크리트(Precast Concrete), 공장에서 미리 만들어 현장으로 운반하여 설치하는 콘크리트 부재를 의미한다.

타워는 무엇으로 만들까?

　이제 타워의 주요 구조체 건축 재료에 대해 알아보자. 완공 후 약 40년간 세계에서 가장 높은 건물이었던 뉴욕 '엠파이어 스테이트 빌딩'은 철골 구조로 지어졌다. 철골의 강도가 중요한 이유 중 하나였지만, 앞서 언급한 건식 공법과의 호환성 역시 큰 장점이었다.

　이후 초고층 건축물의 구조는 철골철근 콘크리트 구조나 고강도 콘크리트 개발 등으로 진화해 왔지만, 상층부까지 콘크리트를 압송하는 어려움은 여전히 과제로 남아 있다. 실제로 부르즈 할리파는 153층까지 RC Reinforced Concrete(철근 콘크리트) 구조로, 그 이상은 가벼운 S Steel(철골) 구조로 건설되었다. 이는 당시 콘크리트를 초고층부까지 압송하는 기술의 한계 때문이었다.[8]

　지금까지 살펴보았듯, 고층 건축에는 항상 다양한 제약이 따른다. 건물의 고층화 역사는 이러한 제약을 극복하며 건축 기술이 진화해 온 과정 그 자체이기도 하다.

---

8 콘크리트와 보강재
콘크리트는 압축력(누르는 힘)에는 강하지만 인장력(잡아당기는 힘)에는 약한 재료다. 따라서 구조물의 강도를 높이기 위해 내부에 주로 철근(Rebar)을 넣어 보강한다(이를 RC 구조라 한다). 철근은 늘어나는 성질이 있어 콘크리트가 취약한 인장력을 효과적으로 부담하며, 콘크리트와 단단히 결합하여 구조물 전체의 내구성과 안정성을 확보하는 핵심적인 역할을 한다.

이미 부르즈 할리파를 넘어서는 계획이 계속 등장하고 있는데, 내가 살아 있는 동안 과연 몇 미터 높이의 고층 건축물을 볼 수 있을지 자못 궁금하다.

타워 건축 디자인의 역사

현재의 스카이스크레이퍼와 비교할 때, 천공투기장의 디자인은 매우 독특하게 다가온다. 이는 기존 고층 건축 이론을 벗어난, 마치 조각 작품 같은 비정형적이고 대담한 유기적 형태를 갖췄기 때문이다.

현실로 눈을 돌려, 타워 건축 디자인 역사에서 빼놓을 수 없는 양식이 바로 '아르데코 Art Déco'이다. 앞서 언급한 뉴욕의 엠파이어 스테이트 빌딩을 대표작으로 꼽을 수 있다. 지상 102층, 높이 443m에 달하는 이 건축물은 뉴욕 맨해튼 5번가에 위치하며, 1931년 완공된 이래 약 40년간 세계 최고층 자리를 지켰다. 현재까지도 세계에서 가장 위대한 건축물 중 하나로 손꼽히는데, 당시 산업력을 상징하는 철골 프레임으로 건설되어 미국 기술력을 대변한다는 찬사를 받았다.

크라이슬러 빌딩 (왼쪽)
엠파이어 스테이트 빌딩 (오른쪽)

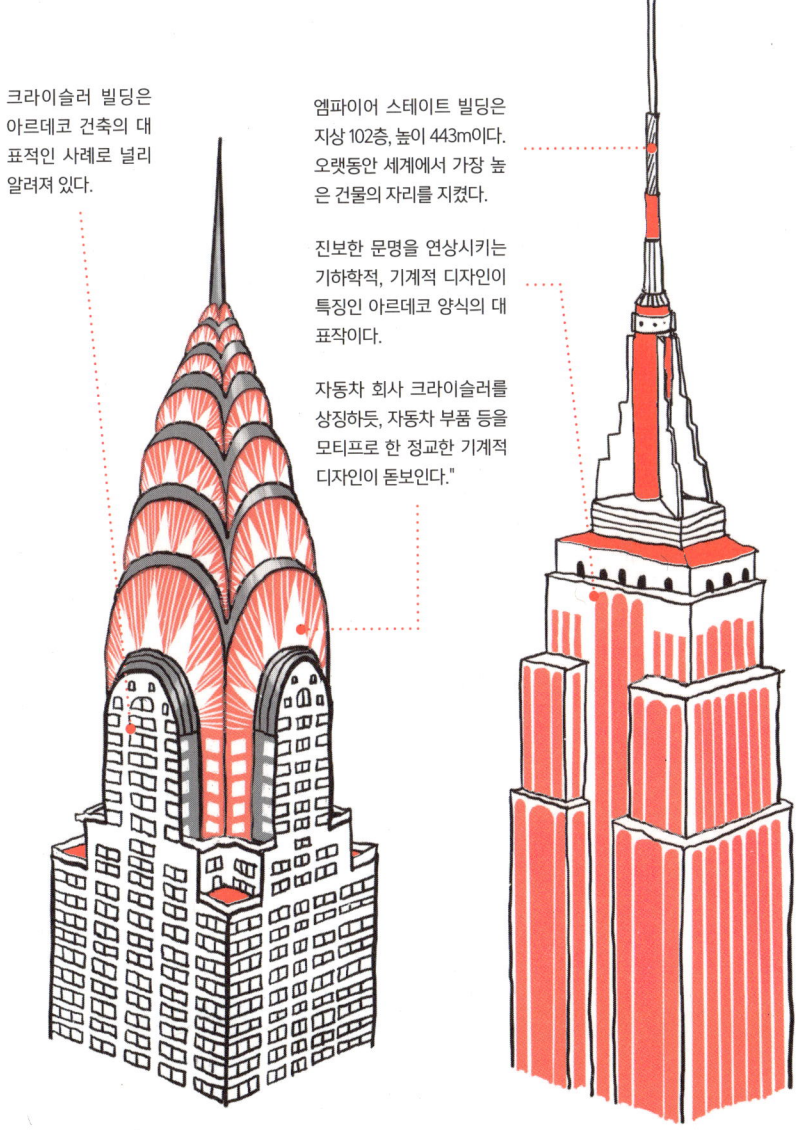

크라이슬러 빌딩은 아르데코 건축의 대표적인 사례로 널리 알려져 있다.

엠파이어 스테이트 빌딩은 지상 102층, 높이 443m이다. 오랫동안 세계에서 가장 높은 건물의 자리를 지켰다.

진보한 문명을 연상시키는 기하학적, 기계적 디자인이 특징인 아르데코 양식의 대표작이다.

자동차 회사 크라이슬러를 상징하듯, 자동차 부품 등을 모티프로 한 정교한 기계적 디자인이 돋보인다."

아르데코의 특징은 자동차나 비행기처럼 진보한 문명을 대표하는 기계적 요소를 디자인에 담아낸다는 점이다. 단순하고 합리적인 기하학적 도형을 모티프로 삼은 직선적인 디자인이 보는 이를 압도한다. 또한 좌우 대칭(시머트리 symmetry)이 자주 채택되는 경향이 두드러진다.

이러한 합리적이고 기계적인 디자인은 현대의 스카이스크레이퍼에도 지대한 영향을 미치고 있다. 예를 들어, 말레이시아의 '페트로나스 트윈 타워 Petronas Twin Towers'[9]는 아르데코의 유행 시기(1920~1930년대)보다 한참 후인 1998년에 완공되었음에도 불구하고, 기하학적 도형과 대칭 형태를 사용한다는 점에서 아르데코의 특징과도 맞닿아 있다.

앞선 논의를 바탕으로 천공투기장의 디자인을 살펴보면, 현실 건축 이론의 상식을 얼마나 뛰어넘는지 더욱 분명해진다. 아르데코를 기반으로 한 기계적인 디자인과는 정반대로, 천공투기장은 매우 유기적인 구조를 하고 있다.[10] 그렇다고 해서 '현실적으로 이런 디자인은 불가능하다'고 단정할 수는 없다.

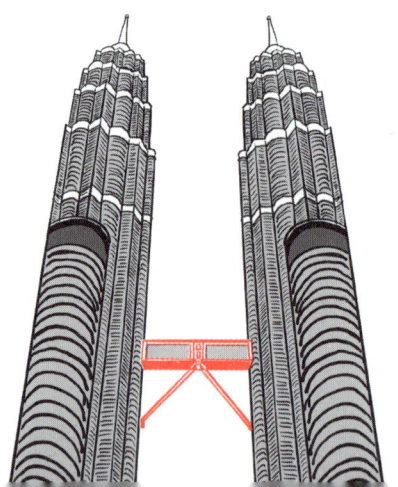

9 페트로나스 트윈 타워
말레이시아 쿠알라룸푸르에 1998년 완공되었다.

실제로 최신 기술을 도입한 다양한 목조 초고층 건축물 계획이 진행 중이며, 기존 초고층 건축물과는 다른 흥미로운 디자인이 구상되기도 한다. 그 대표적인 사례가 바로 일본 도쿄 도심에 높이 350m의 초고층 목조 빌딩을 건설하는 'W350 프로젝트'이다.

기술이 분야의 경계를 허물며 눈부시게 발전하는 현대 사회에서 고층 건축물의 디자인은 앞으로 무궁무진한 가능성을 보여줄 것이다. 이러한 맥락에서 보면, 현실 속 '리얼 천공투기장'이 실현되는 것은 의외로 시간문제일지도 모른다. 물론 용도가 격투기장은 아닐 테지만 말이다.

10 아르데코 타워 건축과 천공투기장
아르데코 타워 건축이 정교한 기하학적 형태를 강조한 디자인이라면, 천공투기장은 비기하학을 극한까지 추구하여 탄생한 유기적 조형이라 할 수 있다.

COLUMN_03

엘리베이터의 뒷이야기, '뱅크 분할'

뱅크 분할을 설명한 도해

고층 타워를 방문해 본 사람이라면 '왜 이렇게 많은 엘리베이터가 있을까?' 혹은 '왜 중간에 환승해야 할까?'라는 의문을 품었던 경험이 있을 것이다. 실제로 스카이스크레이퍼급의 초고층 건축물에서는 기술적으로 엘리베이터 한 대로 최상층까지 한 번에 운행하기 어렵다. 아울러 많은 이용객을 효율적으로 수송하려면 당연히 여러 대의 엘리베이터가 필수적이다. 하지만 아무리 대수가 많아도 엘리베이터가 각 층마다 멈춘다면 이용객의 대기 시간이 크게 늘어난다. 이때 중요한 것이 '뱅크 분할 Bank Splitting'이다.

건축 용어로 '뱅크'는 건물의 층수나 엘리베이터 운행 구역에 따라 저층, 중층, 고층 등으로 그룹화된 구역을 의미한다. 고층 빌딩 설계 시에는 각 층의 이용자 수와 정차 빈도를 '교통 계산'이라는 분석을 통해 효율적인 엘리베이터 운행 계획을 수립하는데, 이 구역 설정 작업을 '뱅크 분할'이라고 한다. 예를 들어, 각 서비스존은 10~15개 층 정도로 구분하고, 각 서비스존별로 8대 정도의 엘리베이터를 배치한다.

그런데 『헌터×헌터』 애니메이션 버전에서 여러 번 등장한 천공투기장의 엘리베이터 걸이 떠오른다. 그녀는 항상 같은 엘리베이터에 탑승한 곤 일행을 담당했다. 이는 천공투기장이 뱅크 분할 없이 운영되었기 때문일까? 아니면 단순히 마주치는 빈도가 높아서였을까? 애니메이션에서 엘리베이터가 하나인 것처럼 축소하여 연출했을 가능성도 있지만, 실제 시스템의 진실은 작품 속에서 명확히 밝혀지지 않았다.

No. 004
레디 플레이어 원

일본이 탄생시킨 놀라운 기법!
생물처럼 형태를 바꾸는 건축물

수많은 명작을 선보여 온 스티븐 스필버그 감독의 SF 영화 「레디 플레이어 원」은 2018년 미국에서 개봉했으며, 황폐화된 현실 세계와 실감나는 VR 공간을 매력적으로 그려냈고, 다양한 문화에서 차용한 요소들로도 큰 화제를 모았다.

메타볼리즘 건축이란?

 2018년에 공개된 영화 「레디 플레이어 원」은 어니스트 클라인의 동명 소설을 바탕으로 스티븐 스필버그 감독이 연출한 SF 대작이다. 무대는 환경오염으로 황폐해진 2045년으로, 무기력한 삶을 사는 주인공 웨이드가 또 다른 현실인 VR 세계 '오아시스' 속에서 연이어 사건에 휘말리는 이야기를 그린다. 거대한 스케일과 다양한 팝 컬처를 오마주한 흥미로운 연출로 전 세계 팬들을 열광시켰다.

 나 역시 그중 한 명으로 이 영화는 애니메이션이나 만화 팬으로서뿐만 아니라 건축가로서도 매우 만족스러운 작품이었다. 그 이유는 황폐해진 현실 세계에서 웨이드가 사는 슬럼가의 집단 주택 '스택스 Stacks'의 비주얼이 특히 인상 깊었기 때문이다.

 스택스는 철골 프레임을 세우고 그 안에 트레일러 하우스를 여러 대 쌓아 올려, 말 그대로 수직형 슬럼가 형태의 커뮤니티를 형성한다. 정해진 규칙 없이 변화무쌍하게 얽히고설켜 마치 살아있는 유기체처럼 느껴지는 스택스만의 독특한 공간 구성은 경외감마저 자아낸다.

스택스

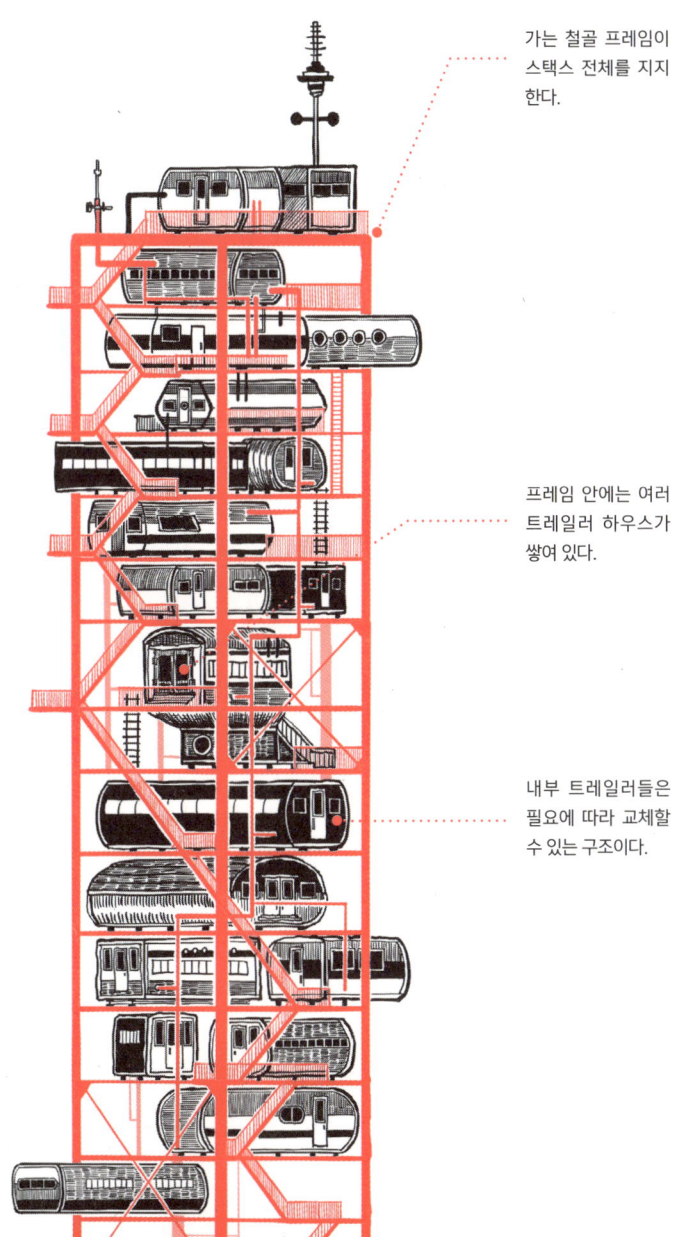

스택스는 디스토피아적 미래 사회를 상징하는 건축물이다. 스크린에 비친 스택스의 비정형적이고 역동적인 모습은 마치 생명체처럼 스스로 형태를 바꾸고 확장, 축소, 이동할 수 있는 건축을 꿈꿨던 사상과 놀랍도록 닮아 있다. 생물학 용어인 '메타볼리즘 Metabolism(신진대사)'에서 영감을 얻은 이 개념은 1960년대 일본에서 제안되고 확산되었다. 물론, 건축물이 진짜로 살이 찌거나 부피가 커지는 것은 아니다.

1960년대 일본은 고도 경제 성장의 한가운데에 있었다. 전후 일본 사회는 폭발적인 경제 성장 속에서 빠르게 재건되고 확장되며 급격한 변화를 겪고 있었고, 이에 유연하게 대처할 수 있는 건축적 해법이 절실했다. 도시가 유기체처럼 성장하고 변화해야 한다는 메타볼리스트들의 신념은 건축업계에 큰 활력을 불어넣었다.

그들은 '새로운 시대를 만들자'는 뜨거운 열정으로 시대적 요구에 부응하며 미래 도시에 대한 대담하고 흥미로운 비전을 끊임없이 제시했다. 그들이 선보인 수많은 실험적 디자인은 현재까지도 많은 건축가에게 영감을 주고 있다.

'이게 된다고?' 재조합 가능한 캡슐 건축

　레디 플레이어 원의 스택스를 보고 가장 먼저 연상된 건축물은 구로카와 기쇼 黒川紀章가 설계한 '나카긴 캡슐 타워'였다. 구로카와는 학생 시절부터 기계적이고 전위적인 건축 디자인으로 세계의 주목을 받았으며, 현재까지도 수많은 건축가에게 영향을 미치고 있는 업계의 전설이다.

　구로카와 기쇼를 비롯해 당대 유명 건축가들이 모여 발표한 건축 사상이 바로 '메타볼리즘'이다. 특정 시대에 여러 건축가가 함께 새로운 사상을 발표한 사례가 매우 드물기에 일본 건축사에서 대단히 중요한 사건으로 평가받는다.

　도쿄 긴자에 위치한 나카긴 캡슐 타워는 메타볼리즘 건축의 대표작으로 꼽힐 만큼 유명하다. 탑처럼 생긴 중앙 코어(계단이나 엘리베이터 등 필수 시설)에 캡슐형 주거 공간이 부착된 구조다. 마치 포도 심에 포도알이 여러 개 달린 포도송이와 비슷하다.[1] 그리고 놀랍게도, 이 캡슐들은 모두 교체 가능하다!

1 코어 배치
디자인을 해치지 않으면서 코어를 효율적으로 배치하는 것은 건축가들이 크게 고심하는 부분 중 하나이다. 특히 '아래는 상업 시설, 위는 주거 공간'처럼 상하층 용도가 다른 복합 건물에서는 코어를 어떻게 계획하느냐가 중요한 과제이다.

캡슐 하나의 무게는 약 4.1톤에 달하며 코어 철골의 위아래 두 곳씩, 총 네 곳에 고정되어 있다. 단 네 개의 지지점으로 지탱하는 획기적인 기술 덕분에 자유자재로 캡슐을 분리하고 결합할 수 있는데,[2] 이처럼 '교체 가능'하다는 발상이 메타볼리즘 건축의 가장 큰 특징을 잘 보여준다.

메타볼리즘을 제안한 건축가들은 설계자가 의도한 합리성이나 아름다움을 유지하는 것보다, 사회나 사용자의 변화와 요구에 따라 형태를 바꾸며 '신진대사'를 통해 영구적으로 기능하는 건축물을 목표로 삼았다.

스택스는 황폐한 슬럼가에 위치해 정돈된 코어가 없지만, 철골 프레임에 트레일러 하우스가 설치되어 필요시 교체 가능한 구조로 전형적인 메타볼리즘적 특징을 보여준다. 다만 트레일러 하우스를 제거하려면 대규모 중장비가 필요할 것으로 예상되므로, 만약 교체 공사를 시도한다면 엄청난 비용이 들 것이라는 점은 현실적인 제약으로 지적할 만하다.

실제로 나카긴 캡슐 타워 역시 이러한 현실적인 문제에 부딪혔다. 하나의 캡슐을 교체하려면 주변 캡슐까지 대규모로 이동시켜야 했고, 결국 메타볼리즘의 핵심인 '신진대사'는 단 한 번도 실현되지 못했다.

2 나카긴 캡슐 타워 해체 및 보존 프로젝트
일본에서 유명한 건축물로 꼽히던 나카긴 캡슐 타워는 2022년에 해체되었다. 이에 따라 남은 캡슐을 보존·재생하는 프로젝트가 진행되었으며 현재 국내외 미술관 및 상업 시설에서 전시되고 있다.

나카긴 캡슐 타워

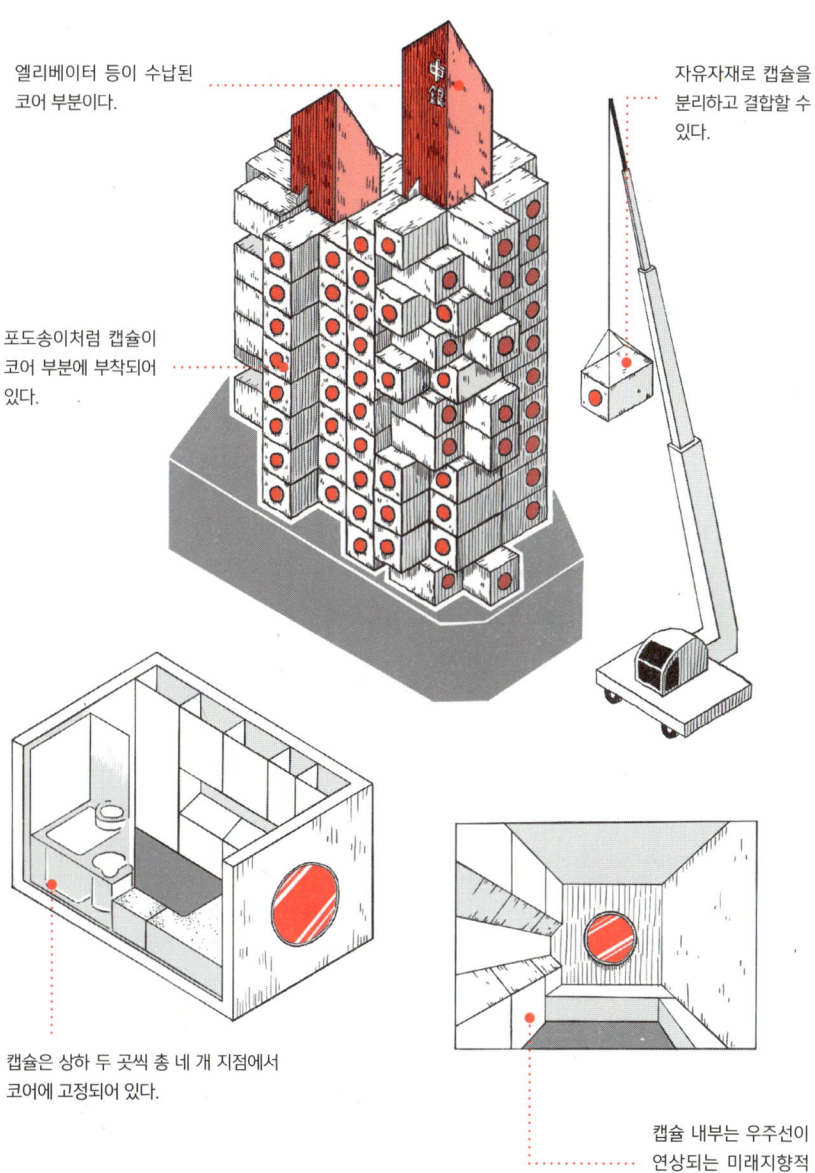

설계도가 아무리 흥미롭게 그려져도 이를 현실에서 구현하려면 수많은 난관에 부딪힐 수밖에 없다. 이는 건축가라면 누구나 직면하는 벽이며, 업계의 전설인 구로카와 기쇼 역시 마찬가지였다.

탄탄한 근육질 구조체에 객실을 매단 호텔

 매력적인 비주얼 덕분에 상상력을 자극하는 스택스. 실제로 살아보고 싶으면서도 건축가로서 가장 염려되는 부분은 바로 내구성이다. 거주 공간인 트레일러 자체는 괜찮다 해도, 이를 지탱하는 핵심인 철골 프레임이 너무 약해 보인다.

 건축물의 안전성은 결국 프레임(기둥과 보)의 강도에 달려 있다. 아무리 매력적인 디자인을 적용해도 그것을 지탱하는 구조체가 약하다면 의미가 없다. 사람의 생명을 보호하고 책임지는 건축물에 있어서 구조 프레임의 강도는 결코 소홀히 할 수 없는 요소다.[3] 그런 점에서 구로카와 기쇼와 함께 메타볼리즘을 주창한 선구적 건축가인 키쿠타케 키요노리 菊竹清訓가 설계한 메타볼리즘 건축의 대표작, '호텔 토코엔'은 이 문제를 견고한 구조체로

3 슬림한 구조 프레임
세련되고 섬세한 느낌을 연출하는 데 적합하며 실제로도 성공적으로 적용된 사례가 많다. 그러나 섣불리 시도하면 구조적인 문제가 발생할 가능성이 크다.

해결했다. 특히 압도적인 크기의 기둥들이 눈에 띄는데, 이는 '이츠쿠시마 신사의 오오토리이 大鳥居'를 모티브로 삼은 것이다. 키쿠타케 키요노리는 메타볼리즘을 주창한 선구적인 건축가이자 동시에 일본 전통 건축 기술을 중시하는 건축가였다. 전통과 혁신, 호텔 토코엔은 이 두 사상을 동시에 구현한 건축물이다.

호텔 토코엔 역시 메타볼리즘 건축답게 신진대사가 가능하도록 설계되었다. 더욱이 그 방법이 놀랍도록 독특한데, 기둥과 보로 이루어진 프레임에서 객실 부분을 '매달아' 독립시켰다. 이로써 각 객실을 교체할 수 있는 구조를 마련한 것이다.

호텔 토코엔에 적용된 '신진대사' 개념과 그 구현 방식은 워낙 혁신적이어서 '이론적으로는 가능해도 현실성이 있을까?' 하는 의구심을 자아낸다. 하지만 호텔 토코엔의 구조를 들여다보면, 신진대사가 실제 건축물에서 자연스럽게 구현되도록 빈틈없이 계획되었음을 알 수 있다.

또한 구조체의 독특한 메커니즘뿐만 아니라, 객실 디자인에도 심혈을 기울였다. 일본식 공간으로 설계된 객실은 다이내믹한 프레임과의 대조를

호텔 토코엔 외관

전통적인 일본 건축 요소를 도입했다.

이츠쿠시마 신사를 모티브로 한 거대한 기둥이 특징이다.

호텔 토코엔 구조

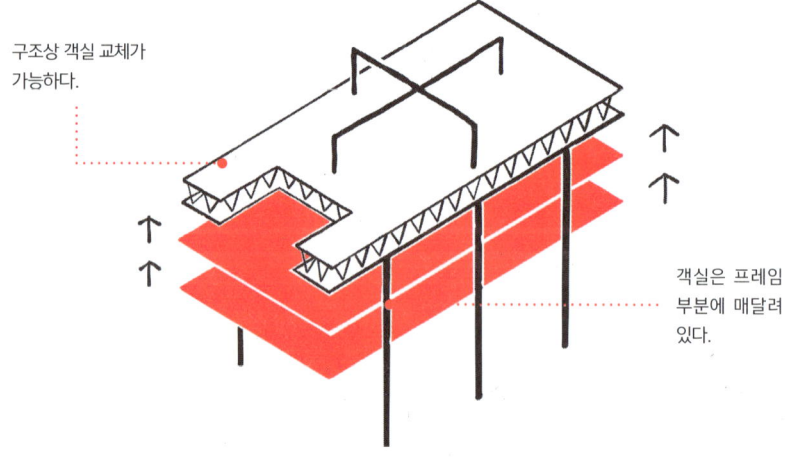

구조상 객실 교체가 가능하다.

객실은 프레임 부분에 매달려 있다.

이루며 섬세하고 아름다운 미학을 선보인다. 이처럼 세심한 구조 설계와 미학의 조화는 키쿠타케 건축의 핵심적인 매력 중 하나다.

구로카와 기쇼의 나카긴 캡슐 타워나 키쿠타케 키요노리의 호텔 토코엔처럼 내부 공간을 유연하게 변형시키려면, 이를 지탱하는 구조체가 충분한 강도를 유지해야 한다. 스택스 역시 더 튼튼한 철골 프레임을 사용했다면 작품 속에서 다른 결과를 맞이했을지 모른다. 물론, 더 자세한 이야기는 스포일러가 될 수 있으니 여기서 멈추겠다.

현대적으로 해석된 새로운 메타볼리즘

2022년 FIFA 월드컵 개최지 카타르에 건설된 경기장, 스타디움 974는 철골 프레임과 선적용 컨테이너로 구성된 독특한 외관으로 전 세계의 주목을 받았다. 나 역시 '꿈꿔왔던 스택스가 드디어 현실에 등장한 것인가!'라며 흥분을 감추지 못했는데, 자세히 살펴보니 이 경기장은 단순히 흥미로운 외관을 넘어서는 진정한 놀라움을 품고 있었다. 스택스의 개념을 더 실용적으로 해석한 현대 메타볼리즘 건축의 뛰어난 결과물이다.

스페인의 펜윅 이리바렌 아키텍츠 사무소 Fenwick Iribarren Architects가 설계한 스타디움 974는 '레고 스타디움'이라는 별명으로도 불린다. 이름 그대로 해체, 이동, 재사용이 가능하도록 설계된, 순환성을 고려한 세계 최초의 축구 경기장이다.

건축물 설계에서는 공간이나 부품 등을 하나의 단위로 설정하는 '모듈 module'이라는 개념이 있다. 스타디움 974에서는 컨테이너 주변의 철골 부분을 하나의 단위인 모듈로 설정하고, 그 모듈을 레고 블록처럼 조립하여 전체 구조를 완성했다. 즉, 해체나 재구성이 간편하다는 점에서 '현실판 스택스'라 할 만하다.

이러한 구조에는 두 가지 주요 장점이 있다.

첫 번째는 건설 시 발생하는 폐기물 양을 크게 줄일 수 있다는 점이다. 컨테이너처럼 규격화된 부품을 사용하고 현장 가공을 최소화함으로써 건설 시간을 단축할 뿐만 아니라, 자재 낭비를 효과적으로 줄일 수 있으며 결과적으로 폐기물 발생량도 감소한다.

스타디움 974

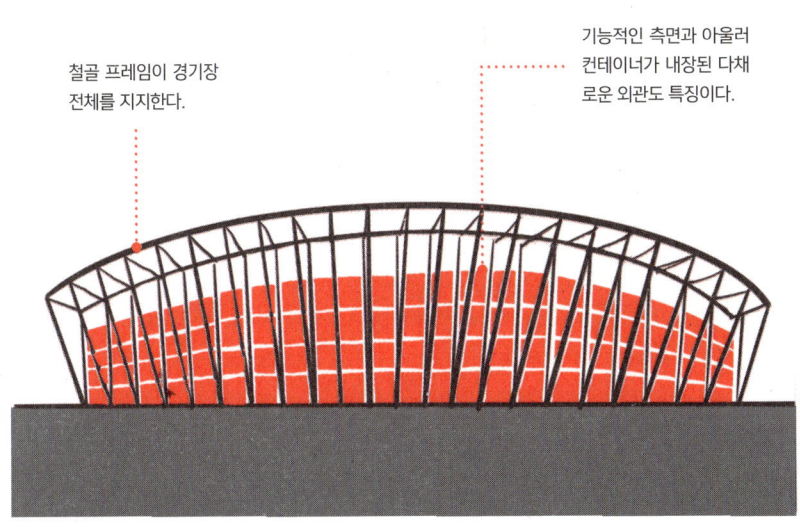

철골 프레임이 경기장 전체를 지지한다.

기능적인 측면과 아울러 컨테이너가 내장된 다채로운 외관도 특징이다.

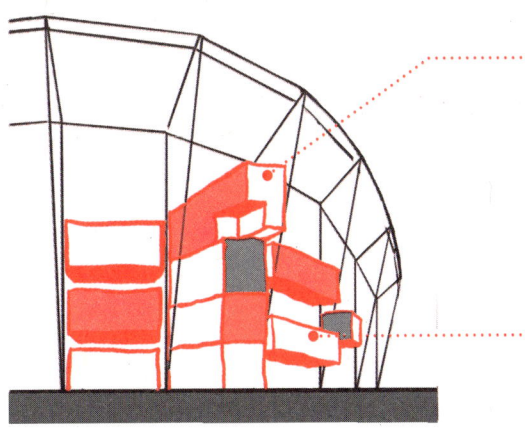

프레임 안에는 컨테이너가 조립되어 있다.

컨테이너 하나를 '1모듈'로 설정하여 해체 및 재구축이 용이하도록 설계되었다.

두 번째 장점은 해체가 간편하다는 것이다. 과거 올림픽 경기장이나 월드컵 경기장은 대회 종료 후에도 계속 사용되는 경우가 많았지만, 유지 비용이 천문학적 액수에 달해 개최국의 큰 부담이 되는 사례가 적지 않았다. 스타디움 974는 대회 종료 후 쉽게 해체하고 다른 곳으로 이전하거나 재활용할 수 있도록 설계함으로써 문제를 해결했다.

스타디움 974의 이러한 접근법은 현대 사회에서 지속가능성, 즉 '서스테이너블 Sustainable' 개념과 맞닿아 있다. 메타볼리즘과 서스테이너블은 사실 매우 밀접한 개념이다.

왜냐하면 메타볼리즘은 과도한 경제 성장과 무분별한 개발이 유행처럼 번지면서 충분히 제 기능을 다 할 수 있는 건물도 단지 경제 논리에 따라 쉽게 부수고 새로 짓던 '스크랩 앤드 빌드 Scrap and Build' 관행에 대한 날카로운 반론에서 태동한 개념이기 때문이다.

결국 스타디움 974와 같은 메타볼리즘 건축은 태생적으로 지속가능성(서스테이너블)을 실현하는 중요한 방식인 셈이다.

이번 장에서 언급된 구로카와 기쇼와 키쿠타케 키요노리는 모두 고인이 되었지만, 그들이 주창했던 메타볼리즘 사상은 시대를 넘어 오늘날에도 지속가능성이라는 새로운 이름의 '신진대사'를 지향하는 현대 건축에 꾸준히 영향을 미치고 있다.

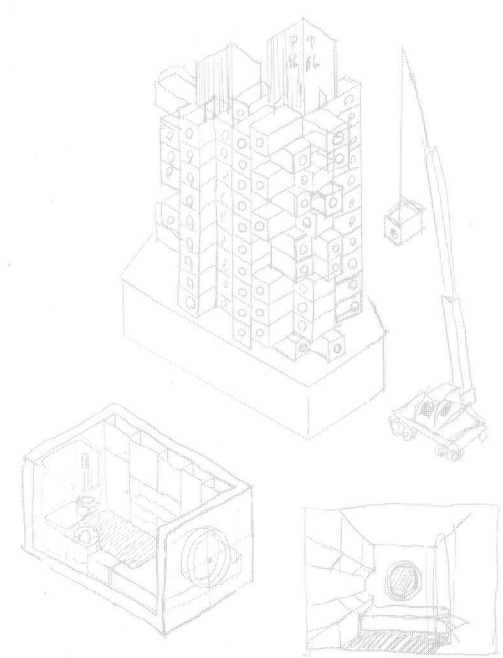

COLUMN_04

웅장한 메타볼리즘 미래 도시

키쿠타케 키요노리 '층 구조 모듈'

메타볼리즘 운동의 초기 단계에서는 개별 건축물을 넘어선 웅장한 도시 계획 아이디어가 활발히 제안되었다.

당시를 대표하는 건축가들, 이를테면 나카긴 캡슐 타워를 설계한 구로카와 기쇼 黑川紀章는 '농촌 도시', 호텔 토코엔을 설계한 키쿠타케 키요노리 菊竹清訓는 '탑상 도시'와 '해상 도시', 또한 오타카 마사토 大高正人와 마키 후미히코 槇文彦의 '신주쿠 터미널 재개발' 등 지금 보아도 흥미로운 도시 계획들이 잇따라 발표되었다.

그중에서도 특히 주목할 만한 것은 키쿠타케 키요노리의 '층 구조 모듈'이다.

층 구조 모듈은 메가스트럭처 megastructure(초거대구조물)와 인프라를 활용해 산 모양의 인공 지반을 만들고, 그 위에 주거 지역을 띄우는 구조였다. 지상에서 분리된 주거 공간은 재난으로부터 안전을 확보하고, 녹지 및 태양광 패널 설치를 통해 쾌적하고 지속 가능한 환경을 제공하려는 구상이었다.

더욱 흥미로운 점은 각 모듈 안에 독립가옥을 짓는다는 아이디어로, 이는 주거 단위를 유닛화하여 복제·대량 생산함으로써 산업화를 꾀했던 메타볼리즘 사상의 특징이기도 했다. '건축물을 자동차처럼 대량 생산할 수 있다면, 사회적 요구에 따라 유연하게 업데이트하거나 교체하는 것이 가능해지지 않을까?' 메타볼리즘 도시 계획에는 건축가들의 원대한 꿈이 담겨 있었다.

No. 005
드래곤볼

마인 부우는 천재 건축가?!
꿈이 펼쳐지는 셸 구조

『드래곤볼』은 토리야마 아키라의 만화 작품으로, 『주간 소년 점프』에서 1984년부터 1995년까지 연재되었다. 일곱 개를 모으면 원하는 것이 무엇이든 이루어지는 소원 구슬 드래곤볼을 둘러싼 모험을 그린 이 작품은 소년 만화의 금자탑으로 현재까지도 큰 사랑을 받고 있다.

건축의 가능성을 확장하다

『드래곤볼』은 방대한 세계관과 독창적인 설정으로 수많은 팬을 거느리고 있다. 작품의 매력을 열거하자면 끝이 없지만, 건축가로서 눈길을 끄는 것은 토리야마 아키라 鳥山明 작가가 디자인한 매력적인 건물과 자동차다. 독특한 돔형 건물, 어떻게 만들어졌을지 궁금해지는 카린 탑, 생물적인 형태의 타임머신 등 조형 애호가라면 놓칠 수 없는 요소들로 가득하다.

그중에서도 가장 인상 깊었던 것은 '마인 부우의 집'이다. 부우가 집을 짓는 장면을 보면, 생물을 점토 형태로 변환해 집을 만드는 재료로 사용한다. 자신만의 집을 뚝딱 만들어내는 창의적인 발상과 감각은 건축가로서도 부러울 정도로 뛰어나다.

부우의 집처럼 독창적인 형태와 구조적인 안정성을 동시에 구현하려면, 건축사와 구조기술사[1]의 면밀한 협력이 반드시 필요하다. 이처럼 높은 수준의 설계 및 시공 기술이 집약된 부우의 집에서 연상되는 것이 바로 '셸 구조 shell structure'라는 건축 형태다.

---

1 건축구조기술사
건축 디자인과 프로젝트 전반을 관리하는 건축사와는 역할이 구분되는 전문가이다. 건축구조기술사는 '이 디자인을 어떻게 실현할 수 있을까?'와 같은 현실적인 문제를 검토하여 설계가 실제로 구현 가능하도록 기술적인 측면에서 조언하고 해결책을 제시하는 역할을 한다. 특히 대형 설계 사무소에서는 건축구조기술사를 내부에 두거나, 외부 전문기관에 위탁하는 경우가 많으며 건축사가 구조 계획까지 겸임하는 경우는 매우 드물다. 이처럼 건축구조기술사는 건축사와 구분되는 전문 분야에서 건축 디자인을 현실화하는 기술적 기반을 마련하고, 안전하고 효율적인 구조 계획을 통해 건축 프로젝트 성공에 핵심적인 역할을 수행한다.

마인 부우의 집

점토 같은 소재가 사용된다.

지붕, 벽, 바닥이 이음새 없이 연결된 매끄러운 형태다.

독특한 조형을 가진 셸 구조는 곡면으로 이루어져 힘을 효율적으로 분산하며, 그 덕분에 충분한 강도를 지닌다.

이 독특한 조형을 구조적으로 성립시키는 것은 결코 쉽지 않을 것이다.

셸 구조는 건축뿐만 아니라, 자연과 다양한 기술 분야에서 널리 쓰이는 개념이다. 자연계에서는 조개껍데기나 달걀껍데기처럼 얇은 곡면이 압력과 힘을 고르게 분산하는 구조를 볼 수 있다. 이뿐 아니라 항공기의 기체, 잠수함, 심지어 캔커피 표면에 다이아몬드 모양의 요철이 있는 'PCCP 셸' 디자인처럼 일상의 다양한 곳에서 응용되고 있다. 이처럼 셸 구조는 목조, 철골조, 철근 콘크리트(RC조)처럼 '재료'에 따라 분류되는 여느 구조와 달리, '형태 자체'로 구분되는 독특한 개념이다.[2]

'조형의 역사는 중력 저항의 역사이다.'라는 명제처럼, 셸 구조는 건축과 구조 공학에서 중력에 대응하는 방식에 신선한 변화를 가져왔다. 이제 셸 구조의 신비로운 세계로 함께 떠나 보자. 새로운 건축 어드벤처가 기다리고 있다!

마인 부우의 집과 셸 구조 건축물

마인 부우가 자신만의 방식으로 집을 지었듯이, 건축가들도 중력에 저항하는 독창적인 구조를 꾸준히 탐색했다. 그중 하나가 바로 셸 구조다.

2 셸 구조 건축
철근 콘크리트 셸 건축 구조는 1920년대에 처음 응용되었다고 한다.

셸 구조는 합리성과 아름다움을 동시에 갖춘 새로운 구조 형태로 등장했다. 조개껍데기를 떠올려 보라. 기둥이나 보가 없는 대신, 매끄럽고 단단한 곡면이 넓은 내부 공간을 안정적으로 감싼다. 이 단순한 구조가 거주 공간에 새로운 가능성을 열어준 셈이다.

'이 형태를 어떻게 건축 설계에 적용할 수 있을까?' 많은 건축가가 이 질문에 답하며 셸 구조를 연구했다. 기둥과 보가 사라지면 내부 공간의 디자인 가능성이 확장되고, 곡선을 살려 자유롭고 독창적인 외관도 구현할 수 있기 때문이다. 이는 돔-이노 시스템으로부터의 탈피와도 연결된다.

'만약 실현 가능하다면…'이라는 꿈을 펼치게 하는 셸 구조. 그 꿈을 현실화하기 위해 건축가들이 주목한 재료는 콘크리트였다. 자유로운 형태 구현과 높은 강도를 자랑하는 콘크리트를 활용한 셸 구조는 세계 곳곳에 명작을 낳았다.

일본 세토 내해 테시마 섬의 '테시마 미술관'[3]을 대표작으로 꼽을 수 있다. 건축가 니시자와 류에 西沢立衛와 예술가 나이토 레이 内藤礼가 공동 설계한 이곳은 얇은 콘크리트 곡면이 막처럼 건물 전체를 감싸고 있다.

3 테시마 미술관

안으로 들어서면 지붕, 벽, 바닥이 하나의 유기적인 면으로 끝없이 펼쳐지는 듯한 공간감을 경험한다. 셸 구조라는 이름에 어울리게 마치 거대한 조개껍데기 안에 들어선 것 같은 착각에 빠질 것이다.

내부에는 소리를 흡수하는 요소가 거의 없어 공간 고유의 반향음을 경험할 수 있다. 바닥 곳곳에 뚫린 작은 구멍에서는 간헐적으로 물방울이 솟아오른다. 물방울은 방수 처리된 바닥 표면 위를 또르르 굴러가다 어느 순간 사라지기도 하고, 여러 물방울이 만나 웅덩이를 이루며 공간에 생명력을 더한다.

관람객들은 천장에서 쏟아지는 부드러운 빛과 공간을 가로지르는 산들바람을 맞으며 신비로운 감각에 빠져든다. 테시마 미술관은 건축과 예술이 아름답게 공존하는 감각적 공간으로, 셸 구조가 기술과 미학의 경계를 얼마나 멋지게 허물 수 있는지 보여 준다.

마인 부우의 집은 이 테시마 미술관과 매우 유사한 형태라고 볼 수 있다. 전체적으로 부드러운 곡선 형태를 띠며, 바닥에서 벽을 거쳐 지붕까지 하나의 연속된 면으로 이어지는 구조다.

4 부우의 욕실
독특한 건축으로 물과 수증기의 움직임까지 즐기는 마인 부우는 건축가이자, 어떤 면에서는 설치 미술가라 칭할 만하다.

특히 부우가 기운차게 욕조에 뛰어들어 넘친 물이 바닥을 따라 흐르는 장면은 테시마 미술관의 바닥 구조와 놀라울 정도로 닮아 있다.[4] 어쩌면 부우는 욕조에 앉아 예술 작품 감상하듯 물의 흐름을 우아하게 즐기고 있을지도 모른다. 만약 그 모든 요소를 계산해 집을 지었다면, 그 녀석은 상당한 건축 전문가임이 틀림없다.

셸 구조의 건축물 중에는 히로시마현에 있는 '신하쿠시마역 新白島駅'[5]도 빼놓을 수 없다. 외관은 마치 흰색 원통을 옆으로 눕혀 놓은 듯한 형태이며, 내부의 아치형 천장에는 크고 작은 원형 창문들이 자리하고 있다. 이 아치 구조 덕분에 내부 천장이 높아져 역 이용자들에게 탁 트인 개방감을 선사한다.

창문으로 들어오는 자연광이 곡면 천장을 타고 부드럽게 퍼지며 날씨나 계절 변화에 따라 다채로운 분위기를 만들어 내는 점도 이 역의 큰 매력이다. 무기질적인 느낌이 강할 수 있는 역 공간을 빛과 유연한 곡면으로 감싸 밝고 따뜻한 느낌으로 연출한 뛰어난 건축물이다.

5 신하쿠시마역
실러캔스 앤 어소시에이츠(C+A Coelacanth and Associates)와 퍼시픽 컨설턴트(PACIFIC CONSULTANTS CO. , LTD.)의 공동 설계이다.

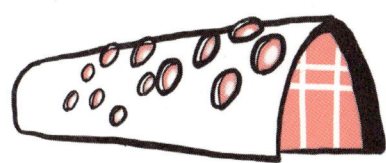
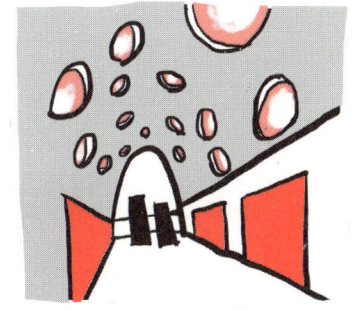

마지막으로 소개할 건축물은 목조 셸 구조를 적용한 사례다. 셸 구조라고 하면 테시마 미술관, 신하쿠시마역처럼 매끄러운 콘크리트 곡면을 떠올리기 쉬운데, 사실 셸은 재료가 아니라 단순히 형태 그 자체를 의미하는 용어이므로, 판재나 막대 등의 목재를 조합해 셸 구조를 구현하는 것도 가능하다.

이토 도요오가 설계한 도서관 '기후 미디어 코스모스'는 2층의 물결치는 곡선 형태의 지붕에 목조 셸 구조를 적용했다. 이토 도요오는 앞서 등장한 센다이 미디어테크를 설계한 건축가로도 유명하다.

도서관 지붕은 세 방향으로 교차하는 격자 구조로 집성재가 아닌 주택 건축에 주로 쓰이는 규격의 작은 목재들을 층층이 10겹으로 쌓아 만들었다. 자세히 보면 셸 구조의 두께가 일정하지 않다는 점이 흥미로운데, 물결치는 지붕의 형태에 따라 부하가 달라지므로 가해지는 구조적 부하에 맞춰 목재의 두께나 밀도를 다르게 설계했기 때문이다. 위쪽으로 솟은 부분은 구조적 부담이 적으니 얇게 만들고, 아래로 처진 부분은 부하가 크므로 두껍게 설계하여 효율성과 안전성을 함께 확보했다.

기후 미디어 코스모스 내부

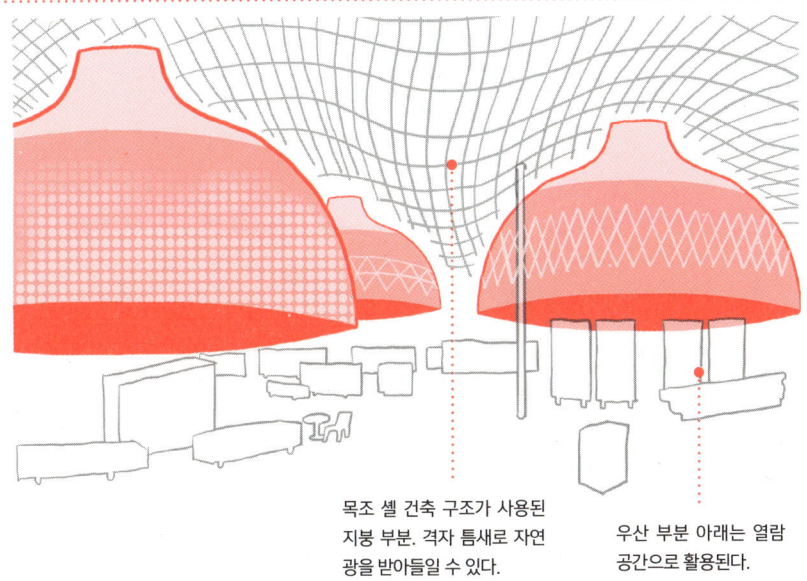

목조 셸 건축 구조가 사용된 지붕 부분. 격자 틈새로 자연광을 받아들일 수 있다.

우산 부분 아래는 열람 공간으로 활용된다.

기후 미디어 코스모스 단면도

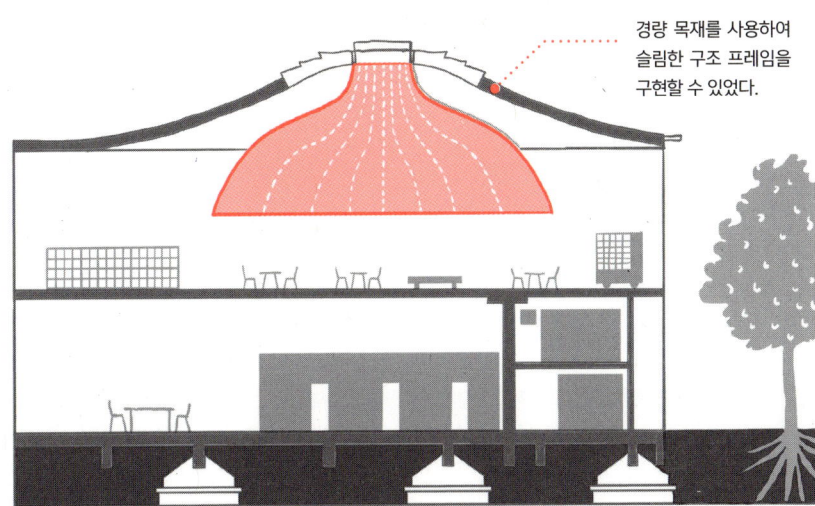

경량 목재를 사용하여 슬림한 구조 프레임을 구현할 수 있었다.

지붕의 볼록한 정점 부분에서는 격자 틈새를 통해 자연광이 들어오며, 셸의 두께 변화와 물결치는 형태로 인해 아름다운 명암 그러데이션이 연출된다는 점도 특징이다. 경량 목재를 사용해 지붕 무게를 줄였기 때문에 기둥에 가해지는 하중도 줄었고, 덕분에 얇은 철골 기둥 몇 개만으로도 충분한 지지력을 확보할 수 있었다. 이는 내부 공간에 경쾌한 인상을 더하는 효과로 이어진다.

천장에는 '글로브 globe'라 불리는 반구형 구조물이 거대한 우산처럼 곳곳에 매달려 있는데, 그 아래에는 공공 도서관의 특성을 살려 편안하게 독서에 집중할 수 있는 공간이 마련되어 있다.

기후 미디어 코스모스는 부분적으로 셸 구조를 도입해 다양하고 성공적인 효과를 낳은 매우 인상적인 건축물이다. 이토 도요오의 설계 역량이 돋보이는 작품으로, 형태와 재료, 공간 활용이 멋지게 어우러진 좋은 사례라 할 수 있다.[6]

건축에서 가장 먼저 고려해야 할 것은 안전성이다. 아무리 스타일리시하고 멋진 건물이라도 그 공간에 머무는 사람들의 안전이 보장되지 않는다면,

---

6 셸 구조의 다른 사례
다른 항목에서 다룬 '도쿄 카테드랄 성 마리아 대성당'의 수직으로 뻗은 파사드와 호주 시드니의 '오페라 하우스' 지붕 부분에도 셸 구조가 사용되었다.

7 셸 구조의 과제
'그렇다면 셸 구조를 더 많이 사용하자!'라고 생각할 수 있다. 셸 구조는 분명 많은 장점이 있고, 건축의 미래를 혁신할 수 있는 멋진 기술이다. 그러나 여기서 현실적인 고민이 생긴다. 바로 '비용' 문제다. 셸 구조를 도입하려면 설계비와 시공비가 급증한다. 복잡하고 정밀한 설계가 필수적이고, 시공에도 높은 기술력이 요구되기 때문이다. 이러한 이유로 셸 구조가 가진 훌륭한 면모에도 불구하고, 비용 부담은 쉽게 간과할 수 없는 큰 과제로 남아 있다. 이것은 고민스러운 딜레마지만, 기술의 발전과 경험 축적이 쌓이면서 점차 경제성을 높이고 실용성을 확대할 것으로 기대한다. 현실적인 제약과 혁신 사이에서 균형을 찾는 과정은 지속될 것이다.

건축물 본연의 역할을 다했다고 보기 어렵다. 하지만 단순히 기둥과 보를 무조건 두껍게만 만들면, 공간은 평범해지고 지루해질 수밖에 없다.

이 문제를 합리적으로 해결해 주는 것이 바로 셸 구조다. 셸 구조는 구조적 안정성을 확보하면서도 미학적 자유를 누릴 수 있도록 설계된 새로운 건축 형태다. 재료 사용을 최소화해 환경에 긍정적인 영향을 주고, 건물 무게를 줄여 지진과 같은 외부 충격에도 강한 내진성을 확보하는 등 여러 가지 장점이 있다.[7]

최신 셸 구조 기술

마인 부우 집에서 또 하나 주목할 점은 시공 방식이다. 부우는 생물을 점토로 변환해, 마치 찰흙을 빚듯 순식간에 집을 완성한다. 매우 판타지스러운 공사 장면이다. 그렇다면 현실의 셸 구조 건축물은 어떻게 지어질까?

대표적인 사례인 테시마 미술관은 흙을 쌓아올린 뒤 그것을 거푸집으로 삼아 부풀어 오른 듯한 형태를 구현했다.[8] 이는 마치 거대한 흙 조형물을 빚은 뒤 그 위에 얇은 콘크리트 외피를 입히는 방식과 매우 비슷하다.

8 테시마 미술관 단면도
콘크리트 내부에 철근 등이 내장되어 있다.

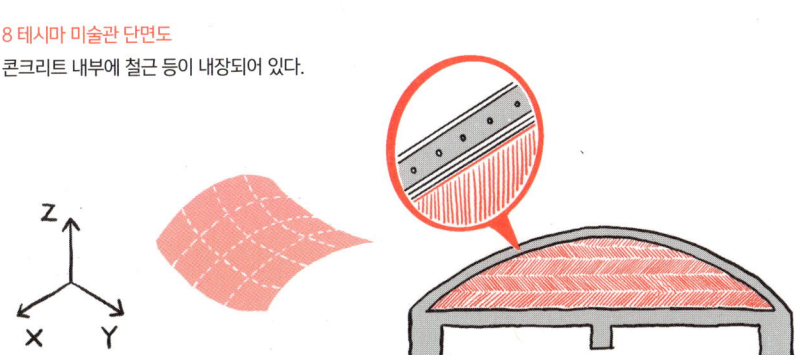

일반적인 철근 콘크리트 건축물이 판재 형태의 거푸집을 사용하는 것과 달리, 테시마 미술관은 3차원 곡면 구조를 가진다. 판재 거푸집은 이음새가 드러나는 데다, 3차원 곡면 판재를 만드는 것은 극히 어렵고 비용도 많이 든다.

그래서 테시마 미술관은 비용을 절감하고 이음새도 없는 매끄러운 형태를 구현하기 위해, 흙을 쌓아 단단히 다진 뒤 모르타르로 표면을 보호해 거푸집으로 활용한 것이다. 이 시공 방식은 전례가 없는 도전이었다.

만약 마인 부우의 집을 실제로 만든다면, 이 방법이 가장 현실적인 시공 방식일 것이다.

더불어 건축용 3D 프린터로 셸 구조를 만드는 기술도 활발히 개발되고 있다. 일본의 대형 종합 건설사 중 하나인 오바야시구미 大林組는 거푸집 없이 시멘트 기반 구조물을 프린팅 할 수 있는 대형 3D 프린터를 자체 연구소에서 개발했다. 일반적으로 콘크리트 셸 구조물 제작에는 내구성을 위해 철근 보강이 필수인데, 3D 프린터로 이 공정을 구현하는 데 기술적 한계가 있었다.

이에 오바야시구미는 전통적인 철근 대신 머리카락만큼 가는 섬유로 보강한 콘크리트를 개발했으며 이 기술은 상용화 단계에 이르렀다.

흥미롭게도, 마인 부우 집에는 철근이 없다. 부우가 토해낸 점토만으로 집을 만든다는 점에서, 섬유 보강 콘크리트를 사용하는 3D 프린터 셸 구조 방식과 닮은 구석이 있다. 건축물의 강도는 부우 본인만 알겠지만, 철근 보강이 필요 없을 정도로 견고하다면, 현재 기술로는 따라가기 어려운 부우만의 특별한 재료 덕분일 것이다.

결국 '마인 부우의 집'은 단순한 판타지의 영역을 넘어, 미래 건축이 추구해야 할 방향과 가능성을 묻고 있는지도 모른다. 앞으로 첨단 기술과 혁신이 만나 이처럼 독창적이고 견고한 건축물의 시대가 열릴 것을 기대해 본다.

COLUMN_05

마인 부우는 명작 가구 팬일까?

튤립 테이블(왼쪽)과 볼 체어(오른쪽)

마인 부우 집의 인테리어도 그냥 지나칠 수 없다. 배치된 가구 중에는 실존하는 명작 가구와 유사한 디자인이 눈에 띈다.

먼저 방에 놓인 테이블은 에로 사리넨 Eero Saarinen이 디자인한 튤립 테이블 Tulip Table을 모델로 한 듯하다. 사리넨은 존 F. 케네디 국제공항의 TWA 터미널 빌딩과 같은 RC 셸 구조의 명작 건축물을 설계한 유명한 건축가이자 가구 디자이너였다. 그는 유려한 곡선을 활용한 디자인으로 한 시대를 풍미했다.

튤립 테이블이 탄생한 배경에는 재미있는 이야기가 있다. 사리넨은 테이블 상판 아래서 테이블 다리와 의자 다리가 번잡하게 얽힌 모습(본인은 이를 '다리들의 빈민가 slum of legs'라고 표현했다)에 주목했다. 그래서 다리 한 개가 원형 받침대에서 시작해 부드러운 곡선을 그리며 상판으로 퍼지는 단순하면서도 깔끔한 디자인으로 문제를 해결했다. 셸 구조를 사랑하는 부우답게, 테이블 디자인에서도 복잡한 지지 구조 없이 단순하고 깔끔한 형태를 추구하는 사리넨의 디자인 철학이 엿보인다.

또한 부우의 침대로 보이는 가구는 에로 아르니오 Eero Aarnio가 디자인한 볼 체어 Ball Chair와 매우 닮았다. 볼 체어는 구체 일부를 잘라내 받침대 위에 올린 독특한 아이디어에서 탄생했다. 작은 방처럼 아늑하게 감싸는 형태는 소음을 차단하는 기능이 뛰어나며 케네디 공항 버진 애틀랜틱 퍼스트 클래스 라운지에서도 사용될 정도로 명성이 높은 제품이다. 마인 부우가 코를 골며 깊이 잠든 모습을 보면 이 볼 체어가 얼마나 편안한지 짐작할 수 있다.

No. 006
센과 치히로의 행방불명

유바바의 디자인 감각!
유야 온천장에서 배우는 '비움'의 기술

「센과 치히로의 행방불명」은 스튜디오 지브리가 제작한 장편 극장판 애니메이션 영화이다. 2001년에 공개되었고, 미야자키 하야오가 원작, 각본, 감독을 맡았다. 10세 소녀 치히로의 신비로운 모험을 그린 이 작품은 일본 역대 흥행 수입 1위를 기록하며 사회 현상이라 불릴 정도로 큰 인기를 끌었다.

건축의 개방감

「센과 치히로의 행방불명」은 스튜디오 지브리 작품 중 역대 최고 흥행 수익을 기록했으며, 동시에 대중문화와 사회 전반에 지대한 영향을 미친 애니메이션이다. 초등학생 시절, 반 친구들과 '아… 아…' 하며 가오나시를 흉내 내던 기억이 지금까지 생생할 정도다.

작품의 서사를 이끌고 관객의 시선을 사로잡는 핵심 공간은 단연 유야 油屋다. 유야는 신들이 몸을 치유하기 위해 찾는 온천 여관으로, 작품 속 주요 스토리가 이 건물을 중심으로 전개된다.

유야의 정면 외관은 선명한 붉은색과 눈부신 금색으로 화려하게 장식된 일본 전통 양식으로 이루어져 있다. 하단부에는 바다와 접한 소박한 직원용 숙소가 자리하고 있는데 함석지붕을 올린 모습이 흡사 피란 막사[1]처럼 보인다. 또한, 지붕 위에는 서양식 탑이 솟아 있고, 바다에 인접한 부분은 수해 방지를 위해 투박한 콘크리트로 마감하는 등 다양한 건축 양식이 콜라주처럼 덧붙은 복합적인 건축물이다.

1 피란 막사
전쟁이나 천재지변 등으로 삶의 터전을 잃은 곤궁한 사람들이 임시방편으로 가지고 있는 재료를 사용하여 빈터에 지은 가설 건축물이다.

유야 외관

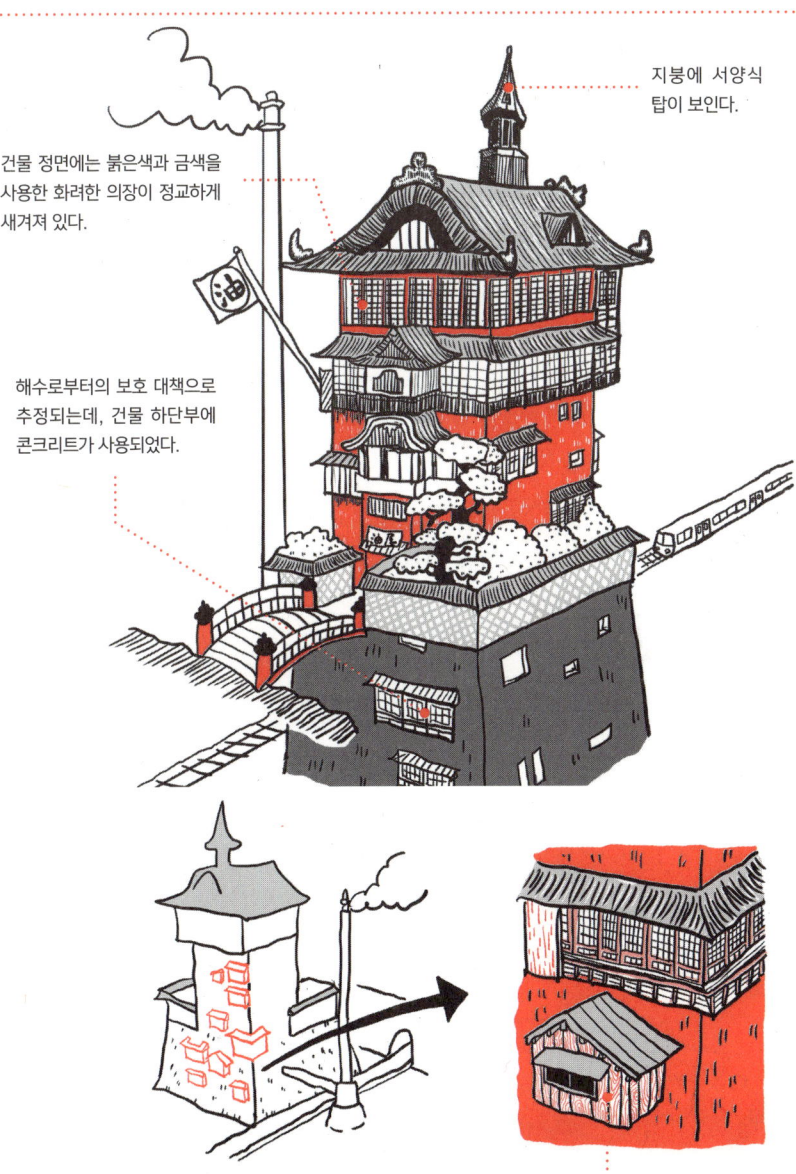

지붕에 서양식 탑이 보인다.

건물 정면에는 붉은색과 금색을 사용한 화려한 의장이 정교하게 새겨져 있다.

해수로부터의 보호 대책으로 추정되는데, 건물 하단부에 콘크리트가 사용되었다.

정면과 달리, 바다를 마주한 숙소는 매우 소박한 구조이다.

건물 전반의 독특한 구성 자체도 흥미롭지만, 이 장에서는 작품의 무대 장치로서 중요한 역할을 하는 '보이드void' 공간에 주목하고자 한다.

보이드는 의도적으로 빈 공간을 설계함으로써 건물 내부에 시원한 개방감을 부여하고 공간을 확장하는 효과를 연출하는 디자인 기법이다. 단순히 '뚫린 공간'으로만 여길 수도 있지만, 사실 보이드는 그 이상의 다양한 의미와 효과를 내포한다. 기능적인 측면은 물론, 건물 자체에 '여백'을 부여하기 때문에 공간 디자인을 논할 때 빼놓을 수 없는 중요한 요소다.

체험을 디자인하는 보이드

먼저 보이드의 기능적 측면을 살펴보자. 보이드는 확장된 공간 속에서 시시각각 변하는 빛으로 이용자의 감각을 자극하여 머무는 즐거움을 제공한다. 나아가 의도적으로 설계된 주변 동선을 따라 이동하는 즐거움까지 선사하며 특별한 '체험'을 완성한다.

보이드의 역할은 계단이나 엘리베이터를 떠올리면 쉽게 이해될 것이다. 층 사이에 천장이나 바닥을 두지 않고 개방된 형태로 연결하는 보이드는

2 유야의 보이드 공간

3 안도 다다오

오사카 출신 건축가이다. 세계 각국을 여행한 후 독학으로 건축을 배운 독특한 경력으로도 유명하다. '스미요시 나가야', '빛의 교회'처럼 콘크리트를 사용한 직선적이고 강렬한 작품이 특징이며, 세계적으로도 높은 평가를 받는 건축계의 거장 중 한 명이다. '안이한 편리함'을 배제한 금욕적인 설계 철학이 담긴 스미요시 나가야는 '건축이란 무엇인가?', '삶이란 무엇인가?'라는 질문을 던지며 많은 건축가에게 깊은 영감을 주었다.

대형 쇼핑몰처럼 이용자들의 수직 이동이 잦은 건물에서 특히 중요하게 활용되며, 유야 온천장도 그 사례에 해당한다.[2]

보이드에 혁신적인 아이디어를 더하면, 더욱 역동적이고 연속적인 동선을 만들어낼 수 있다. 그 예로 세계적인 건축가, 안도 다다오 安藤忠雄[3]가 설계한 '오모테산도 힐스'의 공간 설계를 살펴보자. 2006년, 도쿄도 시부야구에 개장한 상업 시설인 오모테산도 힐스는 지상 3층, 지하 3층을 합쳐 6층을 관통하는 보이드 공간과 이를 나선형으로 둘러싸면서 이어지는 경사로가 특징이다.[4]

오모테산도 힐스는 그 이름처럼 오모테산도 언덕길 중간에 위치해 있으며, 시설 내 경사로는 이 언덕길의 기울기에 맞춰 설계되었다. 언뜻 인지하지 못할 수도 있지만, 이는 매우 놀라운 설계 기술이다. 무슨 말인가 하면, 오모테산도에서 윈도우 쇼핑을 즐기다가 그 발길 그대로 힐스에 들어섰다고 가정해 보자. 그러면 오모테산도의 경사와 힐스 내부의 경사가 연속성을 지니기 때문에, 외부에서의 쇼핑과 내부에서의 쇼핑이 끊김 없이 이어지는 것처럼 느낄 수 있다.

4 오모테산도 힐즈의 나선형 경사로

쇼핑이라는 행위 자체가 하나의 유기적인 흐름 속에서 자연스럽게 확장되는 경험을 제공하는 것이다. 거리에 '세워져 있는' 건물이 아니라, 거리의 일부로 자연스럽게 녹아든 듯한 상업 시설. 이 특별한 체험은 보이드와 경사로를 활용한 치밀한 시설 설계가 만들어낸 결과다.

덧붙여, 보이드를 삼각형에 가까운 사다리꼴 형태로 디자인한 것도 주목할 만하다. 안쪽을 향해 뻗어 나가는 경사로가 마치 집중선 같은 역할을 하며 강렬하고 역동적인 공간을 연출한다. 일반적인 사각형 보이드로는 이처럼 박력 있는 공간을 구현하기 어렵다.

뉴욕에 있는 '솔로몬 R. 구겐하임 미술관'[5] 역시 보이드를 효과적으로 활용한 건축물이다. 1959년 문을 연 이곳은 근대 건축 3대 거장[6] 중 한 명인 미국 건축가 프랭크 로이드 라이트 Frank Lloyd Wright의 설계 작품이며, 그의 20세기 건축 작품군 중 세계 유산에 등재된 역작으로 꼽힌다.

미술관 중앙에는 거대한 보이드가 자리해 있고 그 주위를 나선형 경사로가 빙글빙글 돌며 7층까지 이어진다. 보이드 중앙 상부에는 12각형의 돔형 천창이 있고 그곳에서 쏟아지는 자연광이 내부 공간을 빛으로 채운다.

5 솔로몬 R. 구겐하임 미술관

이 아름다운 공간에서 보이드와 경사로는 관람객의 동선을 훌륭하게 유도하며 다른 미술관에서는 경험하기 어려운 독자적인 감상을 선사한다. 이러한 비선형적 동선은 작품과의 예상치 못한 조우를 유도하고, 정형화된 감상 방식에서 벗어나 새로운 시각적 경험을 제공한다.

대다수 미술관이나 전시회장에는 순서가 정해진 동선이 마련되어 있어, 회장 내를 한붓그리기처럼 통과하면 전시물을 모두 볼 수 있도록 설계된다. 구겐하임 미술관은 여기에 아이디어를 더함으로써 독창적인 관람 방식을 제시했다.

미술관 내부에 들어서면, 먼저 엘리베이터로 최상층까지 이동하도록 유도된다. 이후 벽면에 전시된 작품을 감상하며 경사로를 내려가다 보면, 자연스럽게 1층으로 돌아오게 되는 구조이다.

이러한 일련의 관람 동선 중심에는 항상 거대한 보이드가 존재한다. 즉, 감상자는 자신이 현재 몇 층에 있는지를 시각적으로 인지하며 작품을 감상할 수 있다. 폐쇄성이 강할 수 있는 미술관에 진정한 '통풍구'를 뚫은 대단히 혁신적인 공간 설계이다.[7]

---

6 근대 건축의 3대 거장
'프랭크 로이드 라이트' 외에 '르 코르뷔지에'와 '미스 반 데어 로에'가 있으며, 세 사람 모두 이 책에 등장한다.

7 구겐하임 미술관 건설 당시 논란
현재는 맨해튼의 명소이자 의심할 여지없는 걸작으로 평가받지만, 건설 당시에는 신문과 라디오에서 찬반양론이 격렬하게 오갔으며, 다수의 화가들이 반대 서명에 참여하기도 했다.

구겐하임 미술관이 방문객에게 특별한 동선 경험을 선사할 수 있었던 이유는 인간의 행동, 심리, 공간의 기능성 등을 분석하고 이를 건축물에 반영하는 건축계획학적 접근 덕분이다. 현장 조사나 행동 연구 등을 통해 '체험을 디자인하는' 학문 분야가 바로 '건축계획학'이다.

병원이나 도서관, 미술관 등 대중이 이용하는 건축물을 떠올려 보면 그 중요성을 쉽게 이해할 수 있을 것이다. 이러한 시설은 이용 인원, 이벤트 규모, 스태프 동선에 이르는 인간과 물류의 움직임을 모두 고려하여 세밀하게 계획되어야 한다. 이때 건축계획학이 핵심적인 역할을 한다.

건축이란 단순한 구조물이 아니다. 인간의 삶이 영위되고, 그 안에서 다채로운 경험이 창출되는 공간 그 자체다. 따라서 기능을 넘어 감성을 담아야 하는 건축물은 필연적으로 복합성과 정교함을 요구한다. 이처럼 다층적 요구에 정밀하게 부응해야 하기에 건축계획, 구조, 시공 등 각 분야의 전문가들이 심도 깊은 검토 과정을 끊임없이 이어가야 한다.[8] 한 사람의 발상이나 감각만으로는 결코 건축물을 완성할 수 없다.

---

8 복잡한 건축물의 설계

복잡하고 까다로운 건축물은 면밀한 협의가 필수적이다. 건축가의 과도한 요구에 건축구조기술사가 난항을 겪는 일도 적지 않다. 발포 스티로폼 모형으로 건축물을 재현할 때에도, 절묘한 균형을 이룬 건축물일수록 만들기 더 어려운 법이다. 이는 그 건축물이 '이 땅에', '이 소재로', '이 공법으로'와 같은 극한의 조건에서 성립되었음을 보여주는 증거다. 건축학과 학생이라면 누구나 익히 아는 경험이다.

건물을 관통하는 보이드

다음으로는 보이드가 건축물에 어떤 매력을 선사하는지 탐구해 보자. 먼저 유야의 보이드를 살펴보면, 중앙 보이드 공간에 다리가 걸려 있고, 1층 전체가 목욕장이다. 무수히 많은 원형 욕조가 줄지어 장관을 이루는데, 인간 세계의 공중목욕탕에서는 프라이버시 문제로 실현하기 어려운 대담한 구성이다.

유야의 상층 연회장에서는 이 보이드 공간을 통해 욕조에 몸을 담근 다양한 신들의 모습을 내려다볼 수 있다. 다리 위로 피어오르는 증기가 신비로운 분위기를 연출한다. 이처럼 보이드를 활용한 공간 디자인은 역동적인 형태를 통해 다채로운 효과를 창조할 수 있다.

보이드란 단순히 수직 이동 공간만을 지칭하는 개념이 아니다. 보이드는 벽이나 천장에도 대담하게 구멍을 낼 수 있다! 건축이라는 거대한 구조물을 관통하는 구멍. 이러한 혁신적인 아이디어를 현실로 구현한 놀라운 건축물이 실제로 존재한다.

타이중 오페라 하우스 단면도

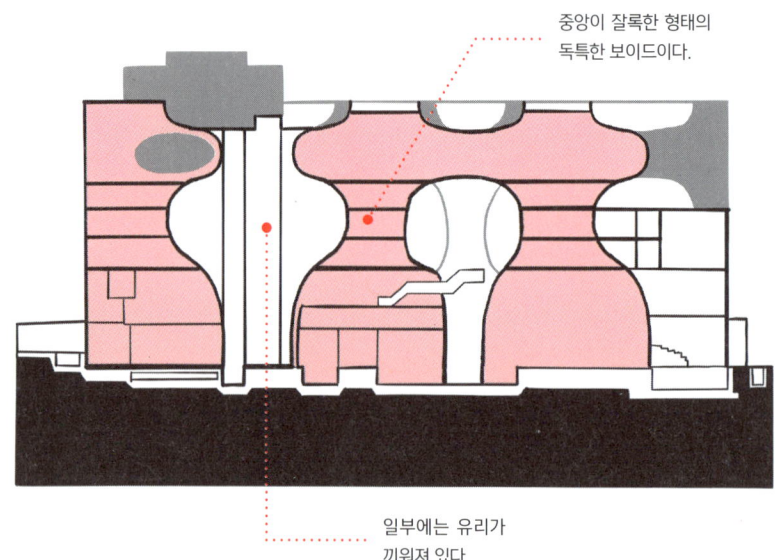

중앙이 잘록한 형태의 독특한 보이드이다.

일부에는 유리가 끼워져 있다.

타이중 오페라 하우스 내부

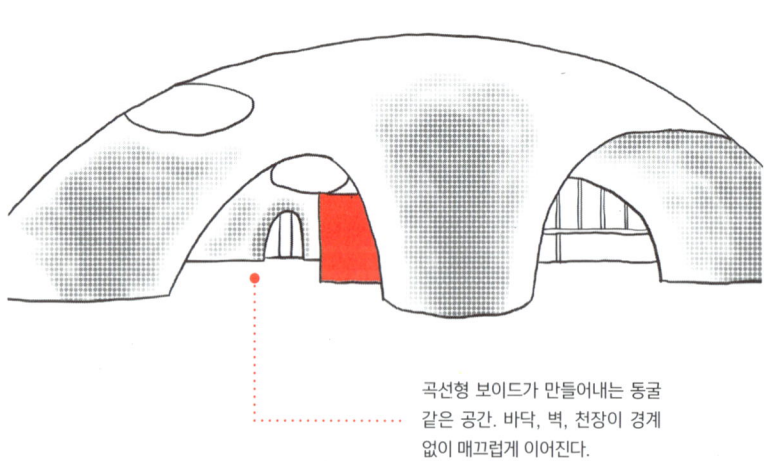

곡선형 보이드가 만들어내는 동굴 같은 공간. 바닥, 벽, 천장이 경계 없이 매끄럽게 이어진다.

대만의 '타이중 오페라하우스'는 이미 센다이 미디어테크와 기후 미디어 코스모스로 유명한 이토 도요오가 설계했다. 중앙이 움푹 들어간 보이드가 특징인 이곳은 유기적인 곡면으로 이루어진 외관이 인상적이다. 그 빈 공간(보이드)은 일부는 유리창으로 채워지고, 일부는 개방된 형태로 외부에 드러난다.

단면도를 확인해 보면, 매끄러운 곡선이 건축 내부를 관통하며 벽으로 기능하는가 싶더니 그대로 바닥이 되어 어디까지가 벽이고 어디까지가 바닥인지 그 경계가 모호해진다. 매끄럽게 연속되어 안쪽으로 뻗어가는 빈 공간은 독특한 확장감과 신비로움을 선사한다.

이토 도요오에 따르면 이 건축물의 주제 중 하나는 '내향성 추구'이다. 곡선이 연속되는 공간은 바깥세상으로부터 시선을 차단하고 오직 내부의 조형과 빛, 소리에 집중하게 만들어, 건축가가 의도한 '내향성 추구'라는 주제를 효과적으로 구현한다. 마치 위내시경이 굽이굽이 신체 내부로 들어가는 듯한 신비로운 감각을 불러일으키는 디자인이다.

더 과감한 보이드를 사용한 예를 살펴보자.

네덜란드 로테르담에 본사를 둔 OMA Office for Metropolitan Architecture에서 설계한 '중국 중앙 텔레비전 CCTV 본사 빌딩'이다. 참고로 OMA 소장인 렘 콜하스 Rem Koolhaas [9]는 『광란의 뉴욕』,『스몰, 미디엄, 라지, 엑스라지』 등의 저서를 통해 건축계에 지대한 영향을 끼친 인물이다. 그의 철학은 과도한 자본주의 사회를 비판하는 맥락에서 기존 고층 건축물의 전형적인 이미지를 뒤집고 완전히 새로운 형태를 모색하는 데 있다.

한눈에도 강렬한 인상의 이 빌딩은 3개의 L자 형태가 공중에서 각도를 달리하며 연결되어 각진 도넛 같은 형상이다. 중앙에 뚫린 빈 공간은 마치 거대한 액자처럼 보인다. 게다가 잘라낸 공간을 그대로 건물 일부로 흡수하는 듯한 압도적인 존재감을 발산한다. 또한 건물 표면을 덮고 있는 격자무늬는 단순한 장식이 아니다. 전체를 지탱하는 구조체로 확실히 기능하고 있다!

건축 업계에서는 오래전부터 '좋은 건축은 기능, 구조, 미美가 모두 갖춰진 것'이라고 말해왔다. 이는 건축의 용도가 타당한 구조로 실현되고, 동시에 아름다움도 손상되지 않았다는 의미이다.

9 렘 콜하스
1944년 네덜란드에서 태어났다. 세계 각국을 옮겨 다니며 저널리스트이자 시나리오 작가로 활동하다가 건축가로 전향한 특별한 경력의 소유자다. 사회학적 접근 방식으로 건축을 탐구하는 인물로 잘 알려져 있다.

중국 중앙 텔레비전 본사 빌딩

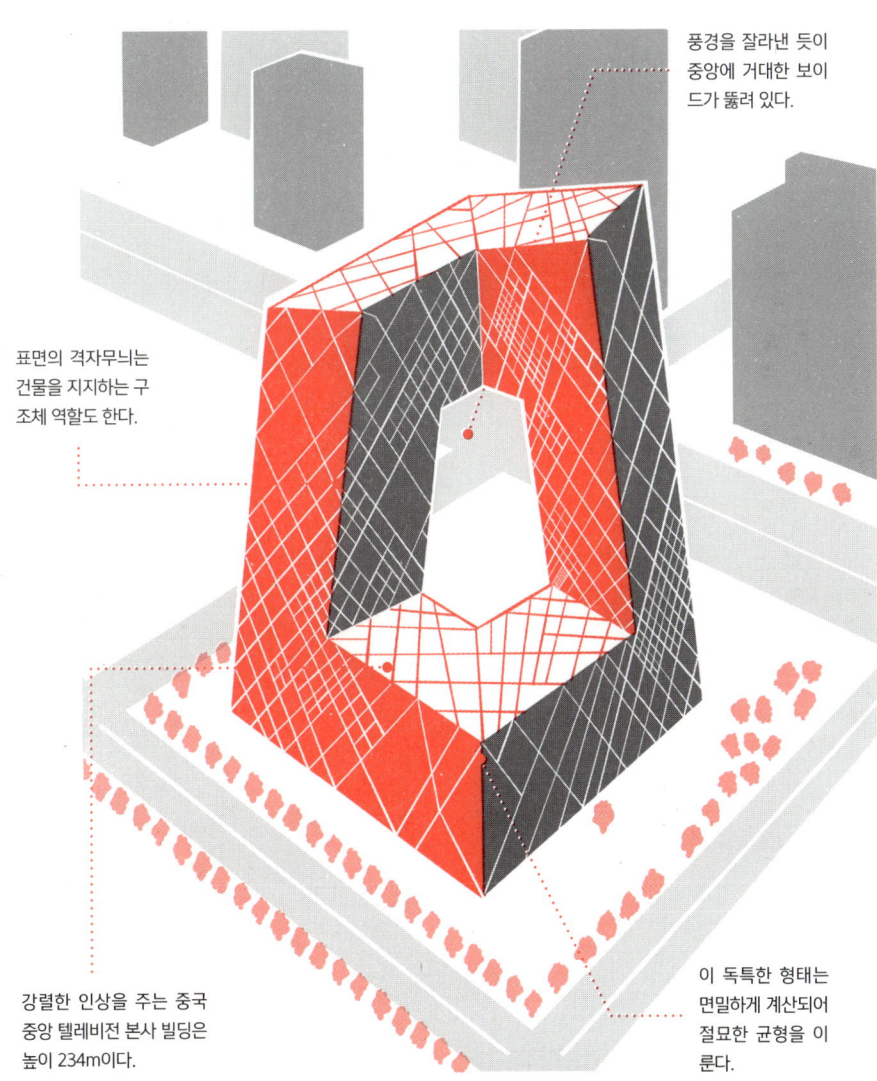

풍경을 잘라낸 듯이 중앙에 거대한 보이드가 뚫려 있다.

표면의 격자무늬는 건물을 지지하는 구조체 역할도 한다.

강렬한 인상을 주는 중국 중앙 텔레비전 본사 빌딩은 높이 234m이다.

이 독특한 형태는 면밀하게 계산되어 절묘한 균형을 이룬다.

독특한 형태를 지지하기 위해 격자의 크기와 각도를 변형하며 구조체를 배치했고, 이것이 기하학적 아름다움을 표현하는데 기여한다. 기능성, 구조성, 심미성을 모두 갖춘 훌륭한 건축물이다.[10]

참고로 렘 콜하스에 따르면, 중국 중앙 텔레비전 본사 빌딩의 디자인에는 '기존 고층 건축물의 전형적인 이미지를 뒤집고 완전히 새로운 형태를 모색하고 싶다'는 의도가 담겼다고 한다.

렘 콜하스는 과도한 자본주의에 대해 비판적인 입장을 취해왔다. 그는 일반적인 '고층'이나 '저층'이라는 용어로는 표현할 수 없는 수직과 수평이 서로 뒤틀리고 얽힌 독특한 구조를 활용해 새로운 건축적 가능성을 제시하고자 했다. 그 결과, 건축적 보이드는 단순한 공간 비움에 그치지 않고, 구조적·심미적 기능과 혁신적인 공간 경험까지 아우르는 중요한 요소로 거듭난다.

자, 지금까지 다양한 변형의 디자인을 알아봤다. 유아 같은 고전적인 보이드부터 건물을 관통하는 거대한 구멍에 이르기까지, 보이드를 활용한 다채로운 방법들이 존재한다는 점을 이해했을 것이다.

10 렘 콜하스와 OMA/AMO
설계 사무소 OMA를 설립한 렘 콜하스는 설계 리서치 기관인 AMO도 설립하여 소장직을 겸하고 있다. 강렬한 인상을 주는 작품 스타일과는 달리, 렘 콜하스는 면밀한 리서치를 바탕으로 설계를 진행하는 건축가다. 이처럼 운영되는 설계 사무소는 세계적으로도 드물다.

그리고 이 보이드는 현대 건축에서 단순한 조형 요소를 넘어, 기존 건물의 물리적 한계를 극복하고 공간에 새로운 가치를 부여하는 핵심적인 전략으로 주목받고 있다.

현재, 보이드는 건축계의 주요 흐름에서 대단히 효과적인 기법으로 널리 활용되고 있다. 그 '주요 흐름'이란, 바로 '리노베이션'이다.

리노베이션과 보이드

최근 몇 년간 전쟁 후나 고도 경제 성장기에 건설된 많은 건축물이 리노베이션 시기를 맞이하면서, 건축가들이 신축보다 리노베이션 프로젝트를 담당하는 경우가 늘고 있다. 이 리노베이션 분야에서 보이드가 크게 활약하고 있다. 보이드는 바닥 면적을 줄이는 설계와도 연결된다.

건축 업계에는 '감축 減築'이라는 용어가 있는데, 이는 공간에 개방감을 부여할 뿐만 아니라 채광 개선, 내진성 향상 등 다양한 효과를 가져온다. 오래되고 폐쇄적인 공간에 빛과 바람을 불어넣어 전혀 다른 가치를 창출하는 것이다.

이렇듯 다양한 장점이 있기에 보이드는 리노베이션에 적극 활용되며, 쾌적함을 원하는 현대인의 요구에 맞춰 보이드를 효과적으로 적용한 건축물들이 속속 등장하고 있다.

오래된 건물의 고유한 역사와 서사를 존중하면서도, 현대적인 가치를 부여해야 하는 '리노베이션'은 특히 건축가의 깊은 통찰력을 요구한다.
나가야마 유코 건축설계에서 담당한 '키야료칸 木屋旅館'[11]를 대표 사례로 꼽을 수 있다. 1911년, 에히메현 우와지마에서 처음 문을 연 이래 정치인, 언어학자 등 수많은 유명인이 머물렀던 역사적인 숙박 시설이다. 한때 폐업했다가 리노베이션을 거쳐 현재는 하루 한 팀 한정 대여 숙소로 운영되고 있다. 가장 큰 특징은 바닥 일부를 아크릴 판으로 교체하여 개방감을 준 공간이다.

역사적인 목조 건축물에 투명한 바닥이 삽입되면서 아래층의 보梁가 그대로 드러나고 아래층 공간이 시야에 들어오도록 설계되었다. 이러한 '빼기'의 미학은 낡은 건물이 가진 시간의 흔적을 새로운 시각으로 재해석하여, 익숙한 것에서 비일상적인 아름다움을 찾아내게 한다.

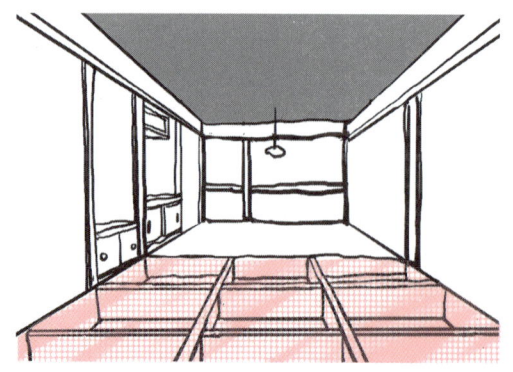

11 키야료칸
바닥(색상 부분)이 아크릴판으로 되어 있어 독특한 부유감을 연출한다.

일상적인 안정감과 비일상적인 개방감이 어우러져 조화를 이룬 독특한 디자인이다. 나가야마 유코는 그 의도를 밝히길, 오랜 시간이 축적된 키야료칸에 무언가를 더하기보다, '빼기'를 통해 새로운 매력이 드러날 것이라 생각했다고 한다.

흥미로운 공간으로 재탄생한 리노베이션의 또 다른 사례로는 군마현 마에바시시의 '시로이야 호텔 SHIROIYA HOTEL'[12]을 들 수 있다. 이곳을 설계한 후지모토 소스케는 2025년 오사카·간사이 엑스포 행사장 디자인 프로듀서를 맡아 주목받은 건축가이다. 구멍 뚫린 상자 형태의 하우스 N House N, 나무 형상의 발코니가 돌출된 몽펠리에의 아파트 아르브르 블랑 L'Arbre blanc 등 자연에서 영감을 받은 독창적 디자인이 특징이다.

에도 시대에 문을 열어 300년 역사를 자랑하던 시로이야 료칸 白井屋旅館은 호텔로 재건되었으나 2008년에 폐업했다. 이후 마에바시시 활성화 사업의 일환으로 많은 예술가가 참여해 리노베이션을 거쳐 탄생한 곳이 현재의 시로이야 호텔이다. 원래 있던 기둥과 보를 남겨두고 바닥을 제거하여 4층 높이의 중앙 보이드 공간이 만들어졌다.

12 시로이야 호텔

13 레안드로 엘리히
가나자와 21세기 미술관의
'스위밍 풀(Swimming Pool)' 작품으로도
잘 알려져 있다.

이 공간에는 빛이 쏟아지고, 아르헨티나 예술가 레안드로 엘리히 Leandro Erlich[13]의 설치 작품 'Lighting Pipes'가 펼쳐져 있다. 울창한 녹지, 노출된 구조물과 파이프가 어우러진 이 공간은 그 자체로 머물 가치가 충분한 아름다움을 지니고 있다.

실제로 시로이야 호텔은 관광객들로부터 높은 인기를 얻고 있어 건축물 자체는 물론 도시 전체에 새로운 생명력과 활력을 불어넣은 이상적인 리노베이션 성공 사례가 되었다.

후지모토 소스케는 식물과 예술에 둘러싸여 다양한 사람들이 만나는 공간을 상상하며 보이드를 구상했다. 그는 이 공간을 '도시의 거실'이라고 표현하며, 공공의 광장처럼 열린 소통의 장인 동시에 편안하고 아늑한 사적 공간이라는 복합적인 의미를 부여했다.

숙박시설보다 쉽게 방문할 수 있는 장소를 찾자면, 스위스의 건축가 유닛 '헤르초크 & 드 뫼롱 Herzog & de Meuron'이 설계한 '유니클로 도쿄'[14]도 훌륭한 사례다. 1984년에 건설된 상업 시설, 마로니에 게이트 긴자 2 내에 자리하고 있다.

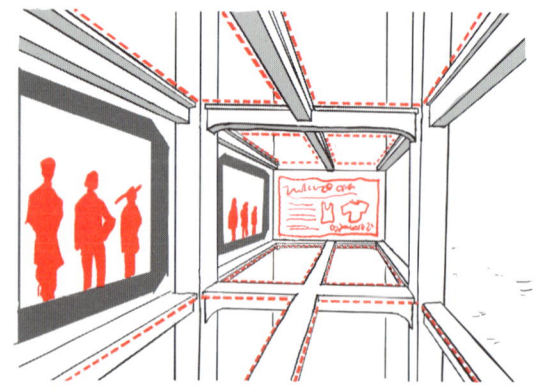

14 유니클로 도쿄
건물 내부에는 원래 바닥이 있던 곳(점선 부분)에 보이드 공간이 조성되었다.

주목할 점은 바닥을 제거해 4층 높이의 보이드 공간으로 변모한 에스컬레이터 옆 구역이다. 보 아랫면에 거울이 부착되어 내부가 반사되면서 실제 공간보다 훨씬 더 복잡하고 연속적인 인상을 준다.

한편, 노출된 콘크리트 구조물은 건물의 역사를 고스란히 느끼게 하며, 리노베이션된 부분과 자연스러운 대비를 이룬다.

과거의 상업 시설은 판매 면적을 최대화하는 것이 우선시되다 보니 상품 진열 위주의 폐쇄적인 공간이 일반적이었다. 그러나 공간이 주는 경험과 가치에 대한 소비자의 인식이 전환되면서, 감축을 통한 공간 경험의 가치가 중요해졌다.

유니클로 도쿄는 많은 사람이 모이기 쉽고, 세련되며 개방적인 쇼핑 빌딩으로 재탄생했다. 이는 단순히 상품을 파는 공간을 넘어, 소비자가 시각적으로 풍요롭고 쾌적한 환경에서 브랜드를 경험할 수 있는 공간으로의 진화를 보여준다. 온라인 쇼핑이 대세가 된 지금, '매장에서만 누릴 수 있는 특별한 경험'의 가치가 더욱 부각되고 있다. 유니클로 도쿄는 이러한 흐름에 완벽히 부합하는 대표적인 사례다.

이처럼 성공 사례를 계속 보면, 당장 외치고 싶어진다. '리노베이션 최고!', '진행시켜!' 하지만, 실제로는 그렇게 단순한 문제가 아니다. 리노베이션을 시도하려 하면, '기존 건물 도면이 부실하다', '노후화가 상당히 심해 손대기 어렵다'와 같은 문제가 계속 발생하는데, 이는 건축 업계에서 흔한 현상이다.

리노베이션은 보이는 것보다 훨씬 복잡하고 섬세한 분석과 예측 불가능한 변수에 대처해야 하는 과정이다. 좋은 점만 있는 것처럼 보여도 사실 상당한 어려움이 존재하는 것이다.

유야의 구조가 리노베이션으로 인한 것인지는 확실치 않지만, 바다를 마주한 직원 숙소 부분이나 상층의 유바바 방 등을 보면, 전체적으로 증개축을 반복한 것처럼 보인다. 그렇다면 유바바도 역시 유야가 커지면서 많은 어려움을 겪었을 것이라고 생각했는데, 그녀는 마법을 사용할 수 있다!

마음대로 건물을 증개축할 수 있는 능력은 건축가에게는 꿈과 같다.

정말 부럽다, 유바바!

COLUMN_06

건축의 미학을 돋보이게 하는 역할

쿠사마 야요이 '호박'

보이드가 만들어내는 커다란 공백은 때로는 예술 작품이 전시되는 공간이 된다. 과거 백화점 내 갤러리가 예술 시장의 중심지 역할을 했던 것처럼, 상업 시설과 예술의 연결고리는 깊다.

2017년에 개장한 상업 시설 '긴자 식스 GINZA SIX'에서는 중앙의 보이드에 예술 작품이 전시된다. 개장 당시에는 쿠사마 야요이 草間彌生의 '호박'이 전시되며 빨간색과 흰색 물방울무늬 호박 풍선 14개가 천장에 매달려 있었다.

이후 다니엘 뷔렌 Daniel Buren, 시오타 치하루 塩田千春, 요시오카 도쿠진 吉岡德仁, 나와 고헤이 名和晃平, 장 줄리앙 Jean Jullien 등 유명 작가들의 예술 작품이 전시되었다. 중앙 보이드를 둘러싼 복도와 계단은 입체 작품이나 설치 작품을 다양한 각도에서 감상하기에 적합하다.

건축은 예술 작품이나 상업 시설과 긴밀히 연계되어 사람과 도시를 연결하는 주체로 기능한다. 공간을 조성하고 때로는 배경이 되는 것 또한 건축이 지닌 고유한 역할이다. 인간의 삶과 밀접하게 얽힌 건축은 다양한 형태로 소통하며 그 존재감을 드러낸다.

No. 007
주술회전

건축사에 남을 큰 논쟁을 일으킨 작품!
주술 고등전문학교는 일본 전통 양식일까?

『주술회전』은 『주간 소년 점프』에서 2018년에 연재를 시작한 아쿠타미 게게의 작품으로, 주령을 쫓아내는 주술사들의 전투를 그린 다크 판타지이다. 2020년부터 애니메이션 시리즈도 방영되면서 그 흡입력 있는 세계관과 개성 넘치는 캐릭터들로 더욱 큰 인기를 얻었다.

전통 논쟁과 세계적 건축가 단게 겐조

'일본 건축의 전통성이란 무엇인가?'

이 질문에 당신은 어떤 건축물을 떠올리는가? 아마 일본 전통 주택이나 사찰, 신사 등을 상상할 것이다. 물론 틀리지는 않지만, 역사를 살펴보면 그 '전통적'이라 불리는 건축물조차 고대 중국이나 서양의 영향을 받으며 발전해 왔다.

그렇다면 일본 건축의 진정한 전통 양식은 과연 무엇일까? 이 질문에 명확한 답을 내리기는 어렵다. 앞서 '제관양식'에서도 언급했듯이, 일본 건축계에서는 전통과 정체성에 대한 논쟁이 오랜 시간 이어져 왔으며, 지금도 많은 건축가와 평론가들이 그 답을 찾기 위해 시행착오를 반복하고 있다. 다시 말해, 이 물음은 일본 건축계의 영원한 숙제인 셈이다.

하지만 답을 도출하지 못하는 상황이 마냥 부정적이지만은 않다. '일본 전통 양식'을 추구하는 과정에서 중요한 기술과 건축가가 다수 탄생했으며, 오히려 이러한 끊임없는 탐구가 일본 건축계를 지속적으로 진화시킨 원동력이었다.

이 장에서는 '일본 전통성'을 논할 때, 특히 중요한 '전통 논쟁'과 그 중심에 섰던 전설적인 건축가, 단게 겐조 丹下健三를 소개한다. 특히 인기 작품 『주술회전』에 등장하는 도쿄 도립 주술 고등전문학교, 통칭 '주술고전 呪術高專'을 흥미로운 사례로 참고해 볼 것이다. 외관상 일반적인 목조 건축물처럼 보이지만, 이 건축물에는 일본의 전통성을 고민할 때 중요한 장치들이 가득하다. 그럼 함께 살펴보자!

주술 고등전문학교, 야요이 건축의 재해석인가?

일본 건축에서 '전통성'을 둘러싼 논쟁은 오랜 시간 이어져 온 해묵은 화두다. 그 시작은 1955년으로 거슬러 올라간다. 이때는 제관양식 帝冠樣式이 탄생한 지 약 20년 후의 시점이었다. 일본의 전통성에 대한 논쟁이 얼마나 오랫동안, 치열하게 이어져 왔는지 짐작하게 한다.

논쟁의 발단은 현재도 발행 중인 건축 잡지 『신건축』 1955년 1월호에 실린 건축가 단게 겐조의 기고문 「근대 건축을 어떻게 이해할 것인가」였다. 단게 겐조는 일본을 넘어 세계 건축사에서 손꼽히는 인물이다.

그의 논고에서 제기된 '전통이란 무엇인가?'라는 질문은 일본 건축계 전체를 뒤흔드는 큰 논쟁으로 발전했다.

단게의 주장은 크게 두 가지로 요약된다.

- 건축은 단순히 기능만을 추구할 것이 아니라, 전통을 제대로 계승하며 진화해야 한다.
- 다만, 전통을 과거의 모습 그대로 답습하는 것이 아니라 현대적으로 재해석하여 새로운 가치를 창조해야 한다.

그렇다면 단게 겐조가 말하는 '전통'이란 구체적으로 어떤 모습일까? 이 질문에 답하기 위해 인기 만화 『주술회전』에 등장하는 '주술 고등전문학교(이하 주술고전)' 건물을 살펴보자.

주술고전의 본관 건물을 보면, 가늘고 정교한 목제 구조물과 입모 지붕[1]이 눈에 띈다. 이는 육중하고 웅장한 느낌의 목조 건축보다는 우아하고 섬세한 구조를 목표로 삼았음을 시사한다. 실제 건축물로는 교토의 '가쓰라리큐 桂離宮'나 '기요미즈데라 清水寺'와 유사한 이미지다.

---

1 목가구(木架構)와 입모 지붕

목가구는 목재를 결구시켜 건물 일부를 들어 올림으로써 고저차를 해소하는 공법으로 '기요미즈데라'에도 사용되었다.

입모 지붕은 일본 전통 건축에서 주로 사용되는 지붕 형태로, 윗부분은 박공지붕, 아랫부분은 우진각지붕이 합쳐진 형태다. 일본에는 지붕으로 집주인의 격식을 표시하는 문화가 있으며, 입모 지붕은 그중에서도 최상위로 여겨진다. 일본 건축에는 이와 같은 독특한 '작법'이 다수 존재한다.

주술 고등전문학교

주술고전의 구조는 전체적으로 섬세한 인상을 준다.

입모 지붕은 일본 건축 중에서도 품격이 높다고 알려져 있다.

기요미즈데라를 연상시키는 주술고전의 목가구(木架構).

단게 겐조는 이처럼 간결하고 세련되며 합리적인 요소를 '전통'으로 인식하고, 자신이 설계한 모더니즘 건축에 적극적으로 반영하고자 했다. 이에 맞서며 등장한 인물이 있으니, 건축가 시라이 세이이치白井晟一이다.

그는 「조몬적인 것」이라는 기고문을 통해 단게 겐조가 주장하는 전통이 귀족 문화를 상징하는 야요이계에 치우쳐 있다고 지적하며, 더 원초적이고 강렬하며 민족적인 '조몬적인 것'을 중시해야 한다고 주장했다.

일본 역사에 등장하는 조몬 토기와 야요이 토기의 차이를 떠올려보면, 단게와 시라이 두 건축가가 주장하는 전통의 차이를 쉽게 이해할 수 있다.

야요이 토기는 세련되고 간결한 형태를 특징으로 하는 반면, 조몬 토기는 역동적이고 장식적이며 거친 표현이 두드러진다. 즉, 두 사람 모두 '전통을 건축에 도입하여 진화해야 한다'는 큰 틀에서는 의견을 같이했지만, 과연 어떤 '전통'을 중요하게 여기고 어떻게 해석할 것인지에 대한 접근 방식과 정의는 명확히 달랐던 것이다.[2]

흥미롭게도 '조몬적인 것'의 흔적은 주술고전 내에도 찾아볼 수 있다. 작품 속에서는 일부만 묘사되었지만, 최하층에 위치한 '홍성궁 본전'[3]에 주목할

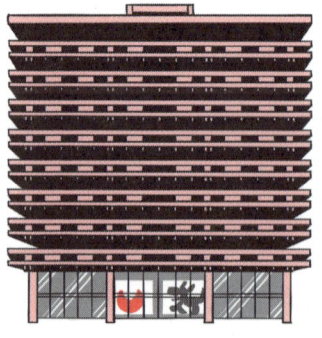

2 가가와현 청사
단게 겐조의 대표작 중 하나이다. 그 단정한 모습에서 야요이적인 건축 특징이 잘 드러나는 사례로 꼽힌다.

필요가 있다. 주술고전 본관 건물과는 확연히 대조되는 거칠고 원초적인 디자인은 바로 시라이가 그토록 강조했던 '조몬적인 것' 그 자체다.[4]

이처럼 주술고전을 면밀히 살펴보면, 세련된 야요이적인 요소와 조몬의 원초적인 요소가 절묘하게 공존하는 매우 드문 건축물임을 알 수 있다. 어쩌면 작가 아쿠타미 게게는 건축에 대한 깊은 이해를 바탕으로, 단게 겐조와 시라이 세이이치 두 건축 거장의 철학을 작품 속에서 오마주한 것은 아닐까?

조몬과 야요이의 결합

주술고전 부지 내에 조몬과 야요이의 전통 양식이 공존했듯이, 현실에서도 두 양식이 공존하는 건물이 존재한다. 많은 이들이 실제로 방문해 보았을 '히로시마 피스 센터 Hiroshima Peace Center'[5]가 바로 그곳이다.

단게 겐조의 대표작 중 하나인 히로시마 피스 센터는 본관, 동관 그리고 이 둘을 연결하는 통로로 구성되어 있다. 평화기념공원 조성의 중요한 시기였던 1952년에 원폭 희생자 위령비가 건립되었고, 단게 겐조가 설계한

3 홍성궁 본전

4 조몬적 건축의 예
참고로 '이세 신궁'은 조몬적인 대표 건축물로 자주 거론된다.

5 히로시마 피스 센터
'히로시마 평화기념공원' 내 자료관, 국제회의장, 기념비 등을 아울러서 '히로시마 피스 센터'라고 부른다.

본관은 그 후인 1955년에 완공되었다. 현재의 동관은 본관과 같은 디자인으로 1994년에 지어졌다.

먼저 본관의 필로티 기둥은 조몬 시대의 강렬하고 견고한 인상을 준다. 단게 겐조 본인이 패전 후 일본 국민이 힘차게 일어서는 기개를 표현했다고 설명했듯이, 거대한 스케일감까지 더해져 압도적인 인상을 준다. 그는 이 필로티의 위용을 표현하기 위해 '인간의 척도'를 훨씬 뛰어넘는 '사회적 인간의 척도, 즉 신들의 척도'가 필요하다고 생각했다.

덧붙여 말하자면, 이 필로티 자체가 액자 역할을 한다. 앞쪽에 있는 아치형 위령비를 통해 원폭 돔에 시선이 가도록 설계된 구조도 특징적이다. 이처럼 시각적으로 하나의 길이 만들어지는 것을 건축에서는 '축선을 통과시킨다'[6]고 표현한다.

건축물 자체뿐 아니라 그 일대 전체를 시야에 포함하는 건축 계획이다. 지금은 비교적 일반적인 개념이지만, 당시 피스 센터 설계 공모전[7]에서 단게 외에는 축선을 도입한 이가 없었다고 한다. 설계 기술이나 감각뿐 아니라, 그 시선의 깊이에도 놀라지 않을 수 없다.

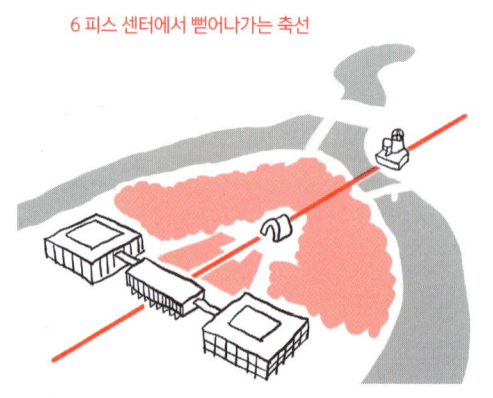

6 피스 센터에서 뻗어나가는 축선

7 설계 공모
설계 공모는 설계안을 공모하여 그 가운데 아이디어를 선정하는 방식이다. 이는 건축 업계에서 자주 활용된다.

히로시마 피스 센터 본관

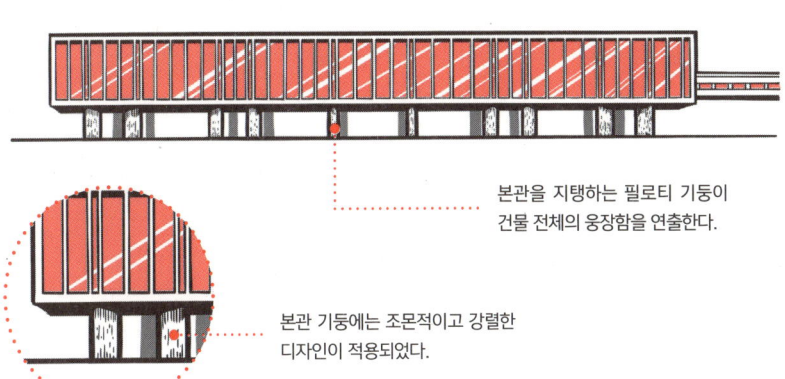

본관을 지탱하는 필로티 기둥이 건물 전체의 웅장함을 연출한다.

본관 기둥에는 조몬적이고 강렬한 디자인이 적용되었다.

히로시마 피스 센터 동관

본관과 동관을 잇는 연결 통로.

웅장한 본관과는 반대로, 동관은 전체적으로 섬세한 디자인이다.

한편, 동관은 본관과 비교해 다소 절제된 디자인이다. 가는 기둥·보를 격자형 프레임으로 디자인함으로써 단정한 인상을 준다. 이러한 직선적인 구조는 야요이적 디자인의 특징 중 하나이다.

히로시마 피스 센터에 조몬과 야요이가 공존하는 것은 물론 우연의 산물이 아니다. 단게 본인이 본관 상부의 기둥·보에 의한 섬세한 구조는 야요이적인 가쓰라리큐에서, 본관을 위엄 있게 지지하는 필로티 공간은 조몬적인 이세 신궁에서 영감을 얻었다고 밝히기도 했다. 단게는 조몬적인 디자인을 필로티에 의도적으로 도입함으로써, 오히려 야요이적인 본관 상부를 더 돋보이게 하고 싶었던 것은 아닐까? 이러한 의외의 조합을 가능하게 하는 것 또한 단게의 탁월함이자 건축의 매력이기도 하다.

일본 건축을 세계에 알린 전설, 단게 겐조

전통 논쟁의 중심인물이자 세계적으로 인정받는 단게 겐조, 그에 대해 좀 더 자세히 다루려 한다. 사실 단게를 빼고 건축을 논하는 것은 불가능에 가깝다.

단게 겐조는 일본 건축가로서 가장 먼저 세계 무대에서 활약하고 인정받은 인물이다. 도쿄도청이나 국립 요요기 경기장[8], 후지 TV 본사 빌딩 등 공공시설부터 민간 건축물까지 경계를 두지 않고 활약했으며, 명작으로 꼽히는 건축물들은 일일이 열거하기 힘들 정도다. 단게의 이름은 몰라도, 건축물은 알고 있는 사람도 많을 것이다.

단게 겐조의 탁월함은 크게 세 가지로 요약할 수 있다.

① 건축의 새로운 시대를 창조했다.
② 교육자로서 큰 공헌을 했다.
③ 도시 계획 능력 또한 뛰어났다.

먼저 ①에 대해 살펴보자. 단게는 서구의 주류였던 모더니즘 건축 양식을 기반으로 삼으면서, 그 안에 일본 전통 양식을 지혜롭게 융합하여 세계적으로 높은 평가를 받았다. RC(철근 콘크리트)나 S(철골)구조와 같은 새로운 시대의 소재를 일본의 목조 기술과 결합하여 표현하는 등 이른바 '전통을 접목한 진화'를 추구하며 시행착오를 거듭한 건축가이다.

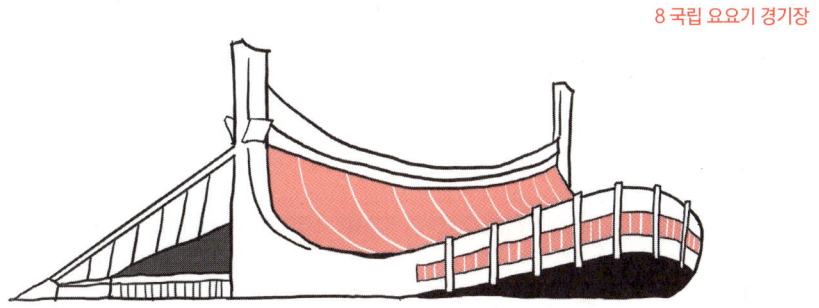

8 국립 요요기 경기장

그 결과, 단게는 모더니즘 이후 등장한 '포스트모더니즘'을 비롯한 새로운 흐름에 큰 영향을 미쳤다.[9] 단게의 작업은 재료의 차이를 넘어선 건축적 언어를 통해, 일본적인 것과 세계적인 것, 전통과 현대의 조화를 탐구한 여정이었다. 덧붙여, 건축계의 노벨상이라고도 불리는 '프리츠커상'을 일본인 최초로 수상한 사람도 단게 겐조다. 지금은 여러 일본 건축가가 수상했지만, 그가 첫 수상자라는 점에서는 업적의 의미가 남다르다. 당시에는 일본 건축이 세계적으로 크게 평가받지 못했기 때문이다. 그의 전설적인 행보만으로도 책 한 권이 부족하므로, ①에 대해서는 이 정도로 마무리하자.

다음으로, ②에 대해 살펴보자. 단게는 교육자로서도 뛰어난 수완을 발휘했다. 이소자키 아라타磯崎新, 구로카와 기쇼黒川紀章, 마키 후미히코槇文彦, 다니구치 요시오谷口吉生 등 근현대 유명 건축가들 대부분이 단게의 제자이기도 하다.[10] 우수한 건축가가 우수한 교육자가 된다는 보장은 없지만, 그는 교육 방면에서도 탁월한 재능을 보였다. 연구실에 모인 많은 제자의 중매를 단게 부부가 섰다는 일화만 봐도 그가 얼마나 사랑받는 스승이었는지 짐작할 수 있다.

> **9 포스트모더니즘과 단게 겐조의 건축 스타일 변화**
> 단게 겐조는 모더니즘의 거장 르 코르뷔지에에게 깊은 영향을 받았으며, 그의 제자였던 마에카와 쿠니오의 건축 사무소 소속 건축가로 근무한 경험도 있다. 이 영향으로 초기에는 르 코르뷔지에식 모더니즘 건축 작품을 주로 선보였으나, 노년기에는 포스트모던 계열 작품도 시도했다.
>
> **10 단게 겐조의 제자들과 연구실**
> 일본 현대 건축의 거장들이 배출된 단게 겐조의 연구실은 특별한 방식으로 운영되었다. 단게는 1946년부터 1973년까지 도쿄대학교 공학부 교수로 재직하며 연구실을 운영했다. 이곳에서 학부생, 대학원생들과 함께 설계 업무를 수행했다.

마지막으로, ③에 대해 살펴보자. 단게는 건축 설계에만 머물지 않고, 국내외 도시 계획에도 참여했다. 일본보다 주로 해외 도시 계획에서 활약했는데, 이 점에서도 국제적인 평가가 높았음을 알 수 있다.[11]

단게는 이탈리아, 미국 등 선진국뿐 아니라, 나이지리아나 네팔과 같은 개발도상국의 기반이 되는 도시 계획도 주도했다. 또한 실현되지는 못했지만, 급격한 인구 증가에 대응하여 제시한 획기적인 '도쿄 계획 1960'은 그 아름다움으로 건축계뿐 아니라 사회 전체의 화제를 모으기도 했다.

이 계획은 단순한 건축적 비전을 넘어, 도시를 살아있는 유기체로 보고 미래의 변화에 유연하게 대응하려는 혁신적인 사고를 담고 있었다. 그 DNA를 이어받아, 단게가 설립한 '단게 도시 건축 설계 사무소'는 지금까지도 해외의 대규모 도시 계획을 이어가고 있다.

물론, 이상의 세 가지 외에도 단게의 업적은 수없이 많다. 같은 건축가로서 내가 존경하는 점은 '정말 이런 것이 가능한가?' 싶은 건축물을 구현해 내는 수완이다. 좋은 건축 디자인을 떠올리는 능력과, 그것을 현실화하는 능력은 또 다른 것이다.

---

11 도시 계획 참여 건축가
지역 활성화나 역 주변, 상점가 등 '마을 만들기'에 참여하는 건축가는 많다. 그러나 '도시 계획'까지 관여하는 것은 건축 설계와는 별도의 전문 지식을 요하며, 이는 명실상부 우수한 건축가임을 증명한다.

'멋진 디자인이지만, 비용이 너무 많이 드네….'와 같은 이유로, 설계가 백지화되는 경우가 많다. 앞서 여러 번 언급했듯이, 건축을 실현하려면 수많은 제약을 모두 극복해야 한다. 즉 단게는 발상력이 뛰어날 뿐만 아니라, 확실한 이론을 겸비한 진정한 레전드인 것이다.

자, 이번 편에서 단게 겐조에 대해 자세히 다룬 이유가 있다! 실은 『주술회전』에는 단게와 직접적인 관련이 있을 법한 건축물이 또 등장하기 때문이다. 종교 관련 시설 건축물로 등장한 '반성교 본부' 건물을 보라. 단게 겐조가 1964년에 설계한 '도쿄 카테드랄 성 마리아 대성당'[12]의 모습과 닮아 있다! 수직으로 뻗은 특징적인 파사드 facade(건물 출입구로 사용되는 정면 외벽) 부분에 다른 건축물이 결합한 듯한 모습이지만, 이는 단게를 의식하여 디자인된 것으로 보인다.

앞서 아쿠타미 게게 작가가 건축에 조예가 깊을지도 모른다고 추측했는데, 이로써 가설에 힘이 실린다! 나 역시 처음 반성교 본부 건물을 보았을 때, '이것은!' 하고 무심코 외치고 말았다. 진위는 알 수 없지만, 이런 시선으로 작품을 즐기는 것도 일종의 직업병이 아닐까 싶다.

12 도쿄 카테드랄 성 마리아 대성당
전통 논쟁이 일어난 지 9년 후인 1964년에 준공되었다. 평면은 십자가 형태를 이룬다. 'HP 셸(Hyperbolic Paraboloid Shell)'이라는 곡면이 내부 공간을 감싸며, 그 사이로 스며드는 빛이 환상적인 아름다움을 구현한다.

반성교 본부

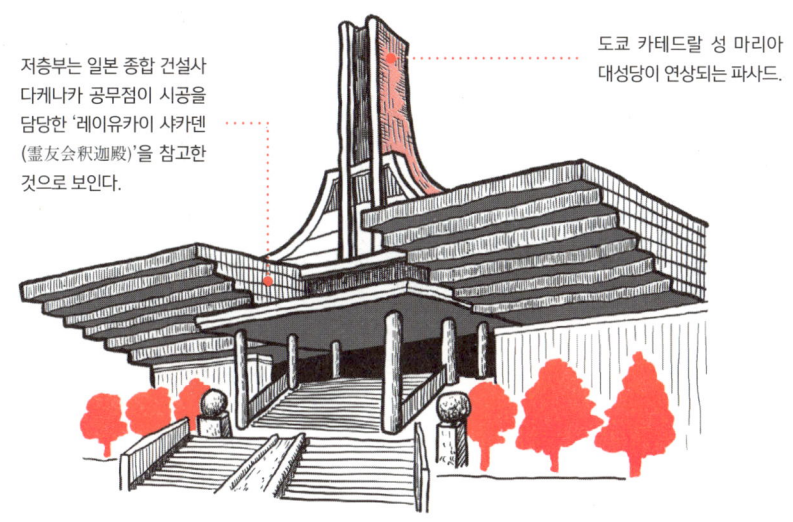

저층부는 일본 종합 건설사 다케나카 공무점이 시공을 담당한 '레이유카이 샤카덴 (霊友会釈迦殿)'을 참고한 것으로 보인다.

도쿄 카테드랄 성 마리아 대성당이 연상되는 파사드.

도쿄 카테드랄 성 마리아 대성당

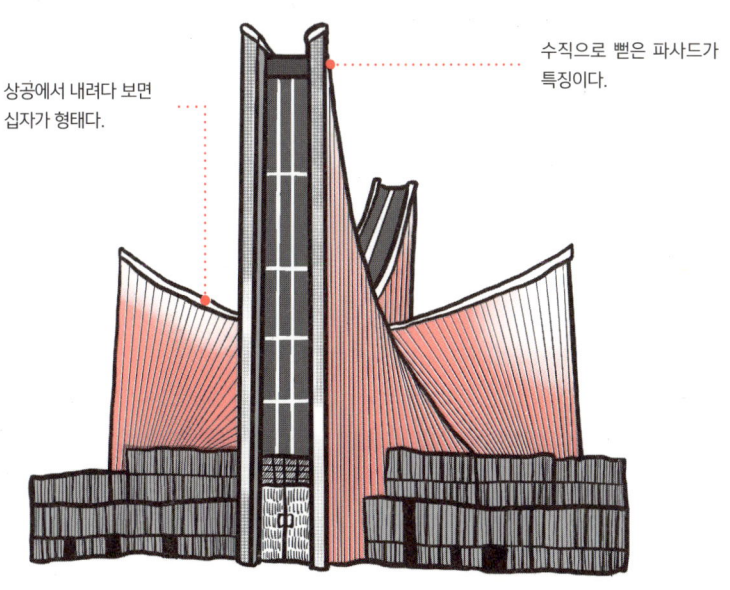

상공에서 내려다 보면 십자가 형태다.

수직으로 뻗은 파사드가 특징이다.

COLUMN_07

아쿠타미 게게 작가는 건축에 조예가 깊을까?

마에카와 쿠니오 자택

『주술회전』에는 본문에서 소개한 것 외에도 훌륭한 건축물이 등장한다. 교토 자매 학교 교류회 종목을 정하는 장면에서 고조 사토루가 어떤 트릭을 써서 야구 대회를 뽑는 바람에 학장이 허둥대는 상황이 연출된다. 의외의 결과에 개의치 않고 흥얼거리며 기분 좋게 건물을 나서는 고조, 바로 이 장면에 등장하는 건물에 주목해 보자!

이때 등장하는 건축물은 앞서 잠시 이름이 나왔던 '마에카와 쿠니오 前川國男의 자택'과 매우 닮아있다. 마에카와 쿠니오는 해외에서 모더니즘 건축가 르 코르뷔지에에게 사사하고, 귀국 후 일본에서 활약하던 안토닌 레이몬드 Antonin Raymond 문하에서 배운 뒤 자신의 사무소를 설립했다. 국제문화회관, 도쿄문화회관 등 전국에 많은 작품을 남기며 일본 내 모더니즘 건축을 이끈 주역이다. 그리고 무엇보다, 단게 겐조 또한 마에카와 쿠니오 사무소에서 설계를 배운 인물 중 하나다.

마에카와 쿠니오 자택은 일본 전통의 기와지붕과 목재 외벽 디자인을 기반으로 하면서도, 필로티 구조나 내부 공간 구성에서는 서양식 모더니즘 요소를 느낄 수 있는 매우 흥미로운 건축물이다. 이 마에카와 자택은 '에도 도쿄 건축 박물관'에 이축·복원되어 있어, 지금도 실제 공간을 체험할 수 있다.

그 유명한 단게 겐조가 사사했던, 마에카와 쿠니오의 자택. 기회가 된다면 꼭 한번 방문해 보길 권한다. 건축계의 전설이 창조한 훌륭한 '영역'임을 보장한다!

No. 008
ONE PIECE

많은 팬을 매료시킨 귀여움!
사랑스러운 '허세 건축'

『원피스』는 『주간 소년 점프』에서 1997년부터 연재를 시작한 오다 에이이치로 작가의 작품이다. 해적왕이 되고 싶은 주인공 루피의 모험을 그린다. 만화·애니메이션 모두 세대를 초월한 지지를 얻으며 명실상부한 인기작으로 자리 잡았다.

상인의 지혜에서 탄생한 건축 양식

모두 아는 인기 작품 『원피스』에서 강렬한 인상을 남긴 건축물을 다루어 보자. '하늘섬 편'에 등장한, '몽블랑 크리켓의 오두막'이다. 통칭 '거짓말쟁이 노랜드'의 자손인 몽블랑 크리켓이 사는 오두막은 전면에 궁궐 모양 판자를 붙여 '거짓말쟁이'를 말 그대로 반영한 듯한 가짜 구조물이다.

만화적이면서도 웃음을 자아내는 이 재미있는 건축에서 문득 어떤 건축 양식이 떠올랐다. 그 이름은 '간판 건축'이다.

간판 건축이란, 건축가이자 건축사학자인 후지모리 테루노부 藤森照信가 명명한 점포 겸 주택의 형식이다. 이름처럼 건물의 정면을 거대한 간판처럼 꾸며, 주거 공간과 상업 공간을 완전히 일체화한 형태를 띤다. 상인의 실용적인 지혜와 위트가 결합된 결과인 간판 건축은 그 독특한 외관은 물론이고 다른 건축에서는 찾아볼 수 없는 고유한 특징 덕분에 마니아층이 두터운, 희귀한 건축 양식으로 평가받는다.

이 사랑스러운 허세 건축의 실체를 파헤쳐 보자!

몽블랑 크리켓의 오두막

이 귀여운 집의 구조는 밀짚모자 일당은 물론, 독자들에게도 큰 충격을 주었다.

정면에서 보면 웅장한 성처럼 보이는 크리켓의 오두막.

뒤로 돌아가면 성 부분이 허술한 가짜임을 알 수 있다.

사랑스러운 건축물은 이렇게 탄생했다!

먼저 대표적인 간판 건축 '마루니 상점 丸二商店'[1]을 통해 그 독특한 문화의 기본 개념을 알아보자. 일반적으로 간판 건축은 다음의 특징을 가진다.

① 폭이 좁고 깊이가 있는 점포 겸 주택이다.
② 목조 건축물이지만 건물의 정면은 편평하다.
③ 정면 부분은 의양풍 擬洋風(일본 전통 목수들이 서양식 건축을 해석하고 모방한 양식) 의장으로 표현된다.
④ 3층 건물 지붕에는 서양식 '맨사드 지붕 Mansard roof(지붕의 네 면이 각각 두 개의 경사로 꺾인 형태의 지붕)'이 흔히 사용된다.

요컨대, 간판 건축은 정면을 서양식으로 화려하게 꾸미고 그 외 부분은 일본 전통 목조 양식을 유지하며 깊이 있는 구조를 가진 점포 겸 주택으로 이해할 수 있다. 이러한 특징은 '마치야 町屋'를 기반으로 한다.

1 간판 건축
간판 건축은 관동대지진 이후 널리 지어졌으나, 현존하는 건물 수는 줄어들고 있다. 하지만, '마루니 상점'은 도쿄 도립 고가네이 공원 내 '에도 도쿄 건축 박물관'으로 이전되어 보존되고 있다.

마루니 상점

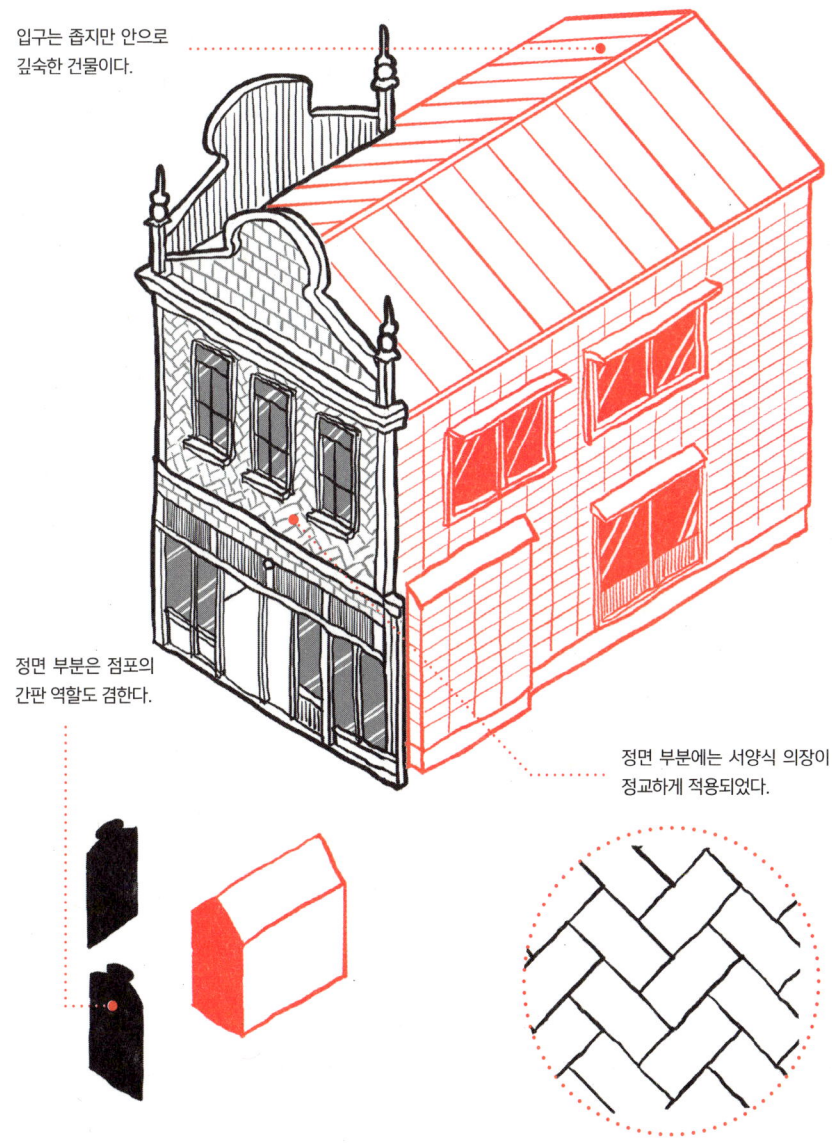

입구는 좁지만 안으로 깊숙한 건물이다.

정면 부분은 점포의 간판 역할도 겸한다.

정면 부분에는 서양식 의장이 정교하게 적용되었다.

마치야란, 도로변에 줄지어 있는 상점 겸 주택을 가리키는 용어이다. 일본 시대극 속에서 흔히 보던 폭이 좁고 깊숙한 건물들이 바로 마치야의 전형이다.

마치야는 어떻게 간판 건축으로 진화했을까? 그 과정에는 1923년에 일어난 관동대지진이 깊이 연관되어 있다. 지진으로 붕괴된 상점가는 재건을 위해 임시 상점을 급조하기 시작했다. 그 과정에서 상인들 사이에 '이왕 다시 짓는 김에, 외관도 멋지고 정보도 확실히 알리는 가게를 만들자!'는 새로운 의식이 싹텄다.

자세한 과정은 뒤에서 다루겠지만, 간판 건축은 전문 건축가가 아닌, 민중의 아이디어에서 탄생했다는 점에서 큰 가치를 지닌다. 그런 관점에서 보면, 확실히 불에 강한 소재를 사용하고 저렴하면서도 화려한 장식 효과를 내는 등 그야말로 '상인의 지혜'가 가득 담긴 실용적인 건축이라고 할 수 있다.[2] 이러한 실용성은 당면한 현실 문제에 대한 상인들의 유연한 대응이자, 동시에 경제적 효율을 극대화하려는 영리한 전략의 증거이다.

2 간판 건축의 지붕

앞서 언급했듯이, 간판 건축에는 서양식 '맨사드 지붕'이 사용된다. 당시에는 3층 건물을 지을 수 없었지만, 이 지붕을 활용하여 다락 공간을 만들었고, 실질적으로 3층처럼 활용할 수 있었다. 이는 상인의 영리한 지혜를 엿볼 수 있는 대목이다.

'건물의 전면(파사드)'에 특히 주력하는 방식은 간판 건축에만 국한되지 않는다. 현대의 사무실이나 주택 또한 도로에 접한 파사드는 유리창을 크게 내고 외관 디자인에 주력하는 것이 일반적이다. 자연광 확보, 도시 경관과의 조화 등은 설계 시 핵심적인 고려 사항으로 다루어진다.

그렇다면 건물의 후면과 측면은 어떠할까?

간판 건축의 주거 부분은 파사드에 비해 상당히 소박한 목조 건축이다. 이 역시 현대 건축과도 공통점을 지닌다. 일부 특별한 경우를 제외하면, 건축 설계는 결국 예산과의 싸움일 수밖에 없다. 특히 시각적인 효과가 중요한 상업 건축에서는 가시성이 높은 부분에 예산을 집중하는 경향이 강하다. 기능성과 경제성을 동시에 고려해야 하는 현실적인 압박 때문에 이러한 선택은 필연적이다. 그렇다면 설계자가 비용 절감을 꾀할 수 있는 곳은 어디일까?

그렇다. 바로 눈에 잘 띄지 않는 후면이나 측면이다. 이 면들은 장식이 배제되거나, 디자인을 해치기 쉬운 실외기 등이 늘어서는 등, 기본적으로 사람들의 시선에서 벗어난다는 전제로 설계된다.

가끔 옆 건물이 철거되어 측면이 드러난 건물을 볼 때가 있는데, 건축 애호가들에게는 놓칠 수 없는 희귀한 광경이다. 이는 건물의 숨겨진 속내이자, 때로는 의도치 않게 드러나는 건축의 진솔한 본질이기도 하다. 독자 여러분도, 그런 건물을 발견하면 관찰해 보기를 권한다. 분명 '예쁜 얼굴'을 한 정면에서는 읽어낼 수 없는 새로운 발견이 있을 것이다.

간판 건축은 민중의 캔버스다!

몽블랑 크리켓이 사는 오두막의 전면은 그림으로 꾸며져 있지만, 실제 간판 건축에는 장인의 기술이 집약된 상당히 정교한 디자인이 구현된다. 간판 건축은 전문 건축가가 아닌 민중의 아이디어에서 탄생했기에, 전문가의 영역을 넘어선 기발한 장식이나 조합이 가득하여 보는 이의 호기심을 자아낸다.

이러한 '정교함'과 '기발함'의 공존은 간판 건축이 단순한 상업 공간을 넘어, 당대 민중의 삶과 미학이 교차하는 독특한 예술 공간이었음을 암시한다.

역사를 살펴보면, 관동대지진 이후 민중 속에서 간판 건축과 같은 아이디어가 등장한 것은 어느 정도 필연적이었다. 지진 후 먼저 복구가 진행된 곳은 긴자나 니혼바시 등 중심 상업 지역이었다. 지진으로 무너진 상점가를 복구하기 위해, 지진 잔해나 남은 자재를 활용하여 급조한 임시 판자 가옥, 일명 '바랏쿠 バラック'가 잇달아 지어졌다.

당시 일류 건축가들은 임시 건물이지만 아름다운 점포로 신속하게 설계하고 건설했다. 그 후 점차 시간이 흐르면서 현재까지 남아 있는 철근 콘크리트 구조나 철골 구조 상업 빌딩으로 변모했다.

전문 건축가들이 중심 지역에서 바쁘게 활약하는 동안, 재건의 손길이 닿지 않는 서민 가옥 밀집 지역은 어떠했을까? 억척스러운 상인들은 이렇게 생각했다.

'전문가를 구할 수 없다면, 우리 스스로 만들 수밖에 없다!'

조선공 프랑키가 일곱 번째 동료로 합류하기 전 우솝이 독학으로 메리호를 수리했던 에피소드를 떠올리게 하는 장면이다.[3]

3 간판 건축의 확산
복구 작업에 동원되었던 목수들이 상황이 진정되자 고향으로 돌아가면서, 간판 건축 문화가 전국으로 확산되었다. 따라서 관동 지방뿐만 아니라, 전국 대부분의 도시에서도 간판 건축을 찾아볼 수 있다.

사와 서점

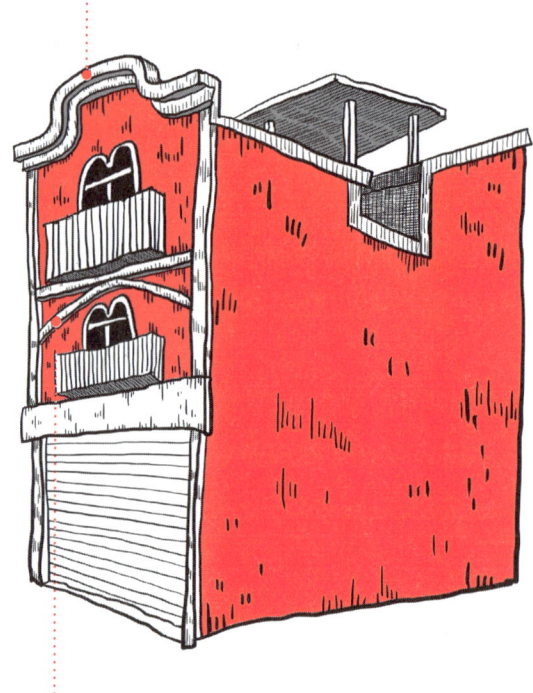

지붕 처마는 일본 성곽 등에 자주 사용되는 '당파풍'이다.

창문 장식을 보면 일본식이 아니라 서양식이다.

지붕과는 달리, 정면에는 서양식 아치형 장식이 보인다.

상인들이 독자적인 아이디어와 기술을 바탕으로 만들어낸 상점은 실로 자유분방했다. 예를 들어, 간판 건축 '사와 상점 沢書店' 일러스트를 보자.

먼저 지붕 처마에 주목하면, 성곽 등에 자주 사용되는 일본 전통 조형인 당파풍 唐破風(중앙은 활꼴이고 양끝은 곡선형인 박공의 한 종류) 형태가 보인다. 그 특징적인 반곡선은 한눈에 봐도 일본 전통 건축다운 분위기를 풍긴다.

그러나 그 아래 벽면이나 창문은 어떠한가?

여기에 적용된 여러 아치형 장식은 서양 건축 문화에서 흔히 볼 수 있는 형태다. 즉, 일본과 서양의 전통적인 조형과 장식이 한 면에서 혼합되어 있는 것이다.

서양 건축물의 디자인을 모방하면서도, 지역 목수의 특기인 일본식 요소를 잘 접목하여 마치 협업의 결과물처럼 보이는 개성적인 표현이다. 이처럼 간판 건축에는 일반적으로 상상하기 어려운 요소들의 조합이 풍부하게 담겨 있어, 전문 건축가들에게도 형식에 얽매이지 않는 유연한 발상과 그 속에서 발현된 창의적 가치를 일깨운다.

현대의 간판 건축은 도로변에 있다?

이번에는 조금 다른 접근 방식으로 근현대적 간판 건축을 살펴보자.

1990년대 이후, '현대적 간판 건축'이라 불릴 만한 건물들이 다수 탄생했다고 생각한다. 바로, 지방 도시 도로변에 늘어선 수많은 상업 건축물이다. 지방 도시의 대로변을 떠올려 보라. 넓은 주차 공간을 갖춘 편의점, 패밀리 레스토랑, 대형 쇼핑센터 등 상업 시설들은 외곽 도시의 전형적인 풍경이다. 이러한 도로변 건축물은 상점임을 한눈에 알아볼 수 있는 특징적인 형태를 갖추고 있다.

1923년경에 보행자 중심의 간판 건축이 탄생했다면, 지금은 자동차가 주요 교통수단이 된 시대에 맞춰 현대판 간판 건축으로 독자적인 진화를 이뤘다고 볼 수 있다. 도로변 풍경은 결국 '어디서나 볼 수 있는 비슷한 풍경'이라고도 할 수 있다. 마케팅 애널리스트이자 평론가로 활동하고 있는 미우라 아츠시三浦展는 이를 '패스트 풍토화(지역 고유의 독자성이 붕괴하고 균일화하는 것을 패스트푸드에 비유했다)'라고 정의하고, 논의 대상으로 삼아왔다.

이처럼 획일적인 풍경이 잇달아 탄생하는 원인은 무엇일까? 이는 대기업들이 효율을 추구하며 표준화된 매뉴얼을 기반으로 설계한 건물이 늘어났기 때문이다. 특히 여러 점포가 입점하는 건물은 보다 쾌적한 환경에서 소비를 촉진하도록 설계하는 경향이 있다. 이로 인해 획일화가 가속하고 지역의 특색이 희미해지는 현상이 발생한다. 지역의 역사와 특성을 담은 매력적인 도시를 만드는 것 또한 건축가의 사명임을 잊어서는 안 된다.

물론, 대기업 점포 중에서도 특징적인 조형을 갖춘 곳도 있다. 앞서 소개한 바 있는 '스타벅스 다자이후 텐만구 오모테산도점'은 쿠마 켄고가 '자연 소재를 활용한 전통과 현대의 융합'이라는 콘셉트 아래 설계했다.

이처럼 건축가의 깊은 통찰과 노력이 담긴 건축물은 해당 지역에 새로운 문화적 활력을 불어넣는 랜드마크가 될 수 있다. 특히, 역사적인 지역에 전통적인 목조 구조를 활용한 건축물이 세워지는 것은 단순한 건축 행위를 넘어, 지역의 역사와 문화를 보존하고 계승하는 특별한 의미를 지닌다.

『원피스』에 등장하는 섬들처럼 개성 넘치는 디자인이 도시마다 넘쳐난다면, 세상은 훨씬 더 매력적인 모습이 될 것이다!

COLUMN_08

반으로 잘린 집은 실재했다!

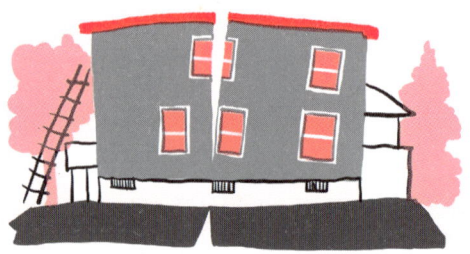

고든 마타 클락 '스플리팅'

간판 건축과 꼭 닮은 몽블랑 크리켓의 오두막. 이번에는 가짜 외벽(전면)이 아닌 나머지 반쪽, 즉 오두막 자체에 주목해 보자. 오두막이 위치한 곳은 하늘섬 편의 핵심이기도 한 '자야'라는 섬이다. 크리켓의 오두막은 치솟는 초대형 해류 녹 업 스트림에 의해 두 동강이 나버렸다. 이처럼 여기서 소개할 건축물 역시 의도적으로 반이 잘린 집이다.

미술가 고든 마타 클락 Gordon Matta Clark의 작품 '스플리팅 Splitting'(1974)이 바로 그것이다. 이 작업이 행해진 곳은 뉴저지주 잉글우드이다. 철거가 결정된 집을 작품의 재료로 삼아, 건물을 두 조각으로 갈라내는 대담한 발상을 실현했다.

그의 '빌딩 컷 Building Cuts' 시리즈는 건축물에 파격적인 절단이나 구멍을 뚫어서 과거에는 존재했으나 인지되지 않던 공간에 빛을 비추고, 그곳을 새롭게 재생시킨다는 의도를 담고 있다.

숨겨진 공간에 빛을 비추고, 그곳에서 새로운 가치를 발견하는 행위는 마치 『원피스』의 주인공, 루피와 동료들이 역경 속에서도 희망을 찾고 모험을 통해 새로운 세상을 발견하는 메시지와 맞닿아 있는 듯하다.

No. 009
신세기 에반게리온

NERV는 최강 요새였을까?
역사의 뒤편에서 탄생한 요새 건축의 세계

「신세기 에반게리온」은 안노 히데아키가 원작과 감독을 맡고, GAINAX에서 제작한 애니메이션 작품이다. 1995년부터 TV 애니메이션으로 방영되었고, 극장판도 제작되었다. 범용 인간형 결전병기 '에반게리온'의 파일럿이 된 14세 소년 소녀들의 전투를 그린다.

요새 건축은 실재했다!

1995년 애니메이션 TV 방영을 시작으로, 만화와 극장판으로 오랫동안 사랑받아 온 「신세기 에반게리온」. 2021년 마침내 「신 에반게리온 극장판」으로 완결되었다. 아직도 여운과 기억이 생생한 이들이 많을 것이다. 대재난 '세컨드 임팩트'로 큰 피해를 당한 세계에서 주인공 이카리 신지 일행은 범용 인간형 결전병기 에바에 탑승하여 '제3 신도쿄시'를 무대로 정체불명의 적 '사도'와 전투를 벌인다.

에반게리온에서 주목해야 할 건축물은 인류를 절멸시키려는 사도의 공격을 방어하기 위해 건설된 요새 도시 '제3 신도쿄시'와 그 지하 공간 '지오 프론트' 내에 위치한 'NERV(네르프) 본부'이다. 가동식 빌딩군이나 비밀기지 분위기가 물씬 나는 피라미드형 디자인 등 마니아들의 흥미를 자극하는 장치들이 가득하다. 주의 깊게 관찰하면, 애니메이션의 판타지 요소를 포함하면서도 현실적이고 합리적인 사고가 치밀하게 반영되어 매우 훌륭하게 균형을 이룬 건축물들임을 깨닫게 된다.

제3 신도쿄시와 NERV 본부

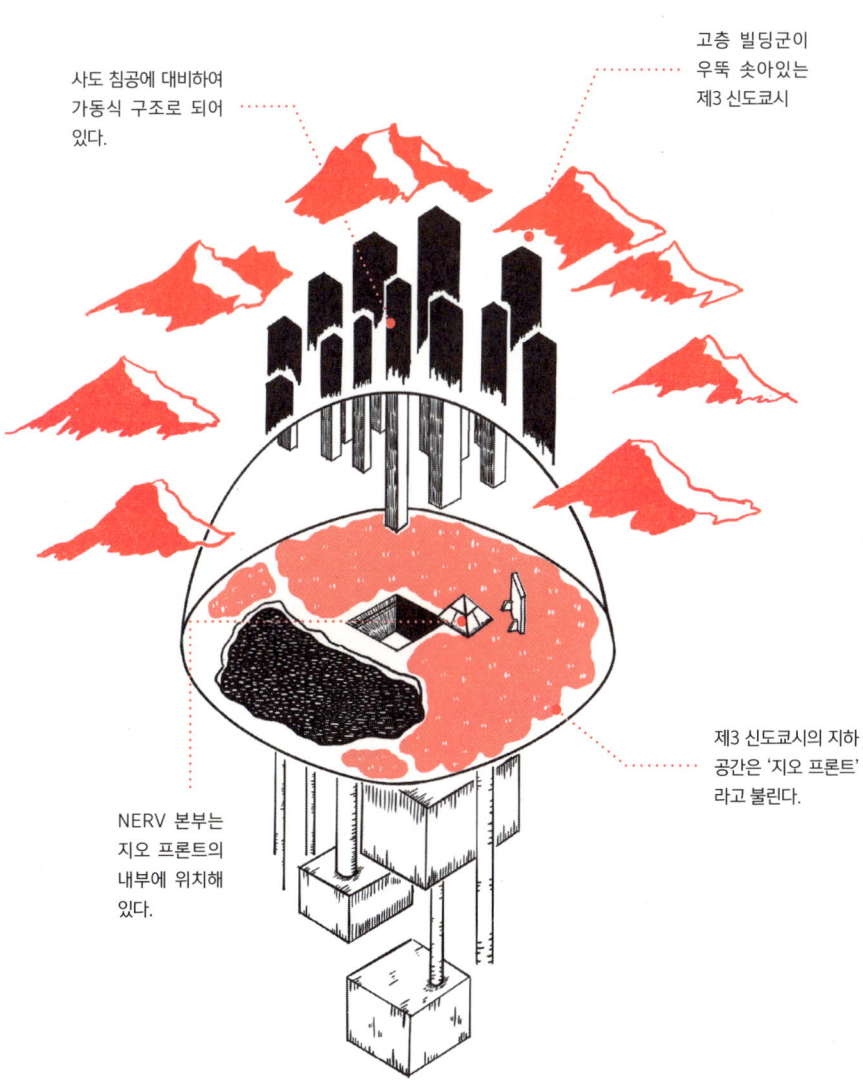

물론, '적과의 교전을 가정한 요새 도시라니, 그건 만화 속 이야기일 뿐 아닌가?'라고 생각할 수도 있다. 그러나 역사의 숨겨진 이면에서는 병력을 한 곳에 집중시킨 요새 도시와 요새 건축이 엄연히 존재했다!

요새 도시의 역사는 세계 4대 문명이 번성했던 기원전 4000년경까지 거슬러 올라가며, 현재까지 이어지는 도시도 있다. 농경 사회가 시작되고 식량과 재산을 축적하면서, 사람들은 외적으로부터 삶의 터전을 보호할 필요성을 느꼈다. 그리하여 해자나 벽돌 벽 등 다양한 방어 수단과 기술을 발전시켰다.

시대는 '전쟁과 혁명의 시대'라고 불리는 20세기로 흘러간다. 아이러니하게도, 전쟁은 여러 분야에서 기술 혁신을 폭발적으로 촉진했다. 건축도 예외는 아니어서, '전쟁에서 승리한다'는 목적만을 철저히 추구한 독특한 건축 양식이 이 시대에 탄생했다.

그 궁극의 기능주의 건축이 바로 요새 건축이다.[1] 이처럼 극한의 목적성이 부여된 건축은 종종 예상을 뛰어넘는 새로운 형태와 기술의 발전을 이끌어낸다.

> **1 현대의 지하 셸터**
> 지하철이나 빗물 저장 시설 등 현대의 도시에서도 이른바 '지하 셸터'로서 활용할 수 있는 방공호 시설은 의외로 많다. 최근에는 '현대판 노아의 방주'라고도 불리는 북극의 종자 저장고(스발바르 국제종자 저장고, Svalbard Global Seed Vault)가 화제가 된 바 있다.

이 장에서는 에반게리온에 등장하는 제3 신도쿄시, 'NERV 본부'를 시작으로, 승리를 위해 위험한 진화를 추구한 요새 도시와 건축을 소개한다. 전문가들도 인정하는 상당히 특화된 분야지만, 쉽지 않은 주제 속에서도 흥미로운 이야기가 펼쳐질 것을 보장한다. 부디 마음의 AT 필드를 해제하고 이 이야기를 따라오길 바란다.

도시 전체로 지켜라! 거대한 스케일의 요새 도시

 먼저 NERV 본부를 품고 있는 요새 도시, 제3 신도쿄시부터 살펴보자. 요새 건축물 그 자체만큼이나, 그 주변을 둘러싼 '요새 도시'의 방어력은 중요하다.

 제3 신도쿄시 전체를 조망해 보면, 도시 건축 구조가 들쭉날쭉한 형태를 띠고 있다. 이러한 모습에서 '성형 요새(별 모양 요새)'라는 축성 방식이 연상된다. 주요 건물군을 둘러싼 해자나 성벽 등은 들쭉날쭉한 별 모양으로 설계되었고, 이 돌출된 형태를 활용해 외곽에서 적을 요격하도록 고안되었다.

제3 신도쿄시

상공에서 보면 별 모양임을 알 수 있다.

사도 습격 시 지하에 격납되는 빌딩군.

공격과 방어에 적합한 톱니 모양 부분을 '능보'라고 한다.

일본의 고료카쿠 五稜郭[2]도 별 모양 요새의 일종이다. 15세기 후반 이탈리아에서 탄생한 별 모양 요새가 일본에서 사용된 경우는 매우 드물며, 그 특징적인 외관은 사진으로 본 사람도 많을 것이다.

성벽 요새의 돌출된 지점마다 건설한 포루를 능보 稜堡라 하는데, 방어적 측면에서 보면 사각지대가 전혀 없다는 장점이 있다. 외적을 공격할 때는 두 곳의 능보에서 협공을 펼칠 수 있으므로 공수 양면에서 잘 고안된 합리적인 방식이다.

다만 별 모양 요새의 방어 효과는 측면 공격에 한정된다. 제3 신도쿄시로 공격해 오는 존재는 움직임을 예측할 수 없는 사도들이다. 측면 방어가 아무리 견고해도 상공에서 쏟아지는 공격 앞에서는 속수무책일 수밖에 없다.

그러나 제3 신도쿄시는 수직 방향의 공격까지 완벽하게 대응하고 있다. 「신세기 에반게리온」 팬이라면, 사도가 침공할 때 도시를 둘러싼 고층 빌딩군이 지하로 수납되는 장면을 기억할 것이다. '지킬 수 없다면 숨긴다!'라고 외치듯, 고층 빌딩들이 잇달아 사라지는 모습은 상당히 충격적이다.

2 고료카쿠
에도 시대 말기에 축조되었다.

확실히 상공에서 가해지는 공격을 피하는 가장 합리적인 해결책은 고층 빌딩을 지하에 수납하는 것이다. 이 정도 최첨단 요새 도시는 현실에 존재하지 않지만, 기술만 뒷받침된다면 그 구상은 충분히 이치에 맞는 방어 체제라고 볼 수 있다. 제 3 신도쿄시는 '절대 방어'라는 목표 아래, 이러한 합리적인 구상을 건축과 기술로 융합하여 현실에서 구현한, 가히 거대한 '예술 작품'이라 평가할 만하다.

건축의 형태는 건축가나 설계자의 역량뿐 아니라, 외부 기술의 진화에 의해 실현되는 경우가 많다. 예를 들어, 지금은 지상 수십 층 높이의 고층 빌딩을 당연하게 볼 수 있지만, 이는 엘리베이터 기술 없이는 탄생하지 못했을 것이다. 건축에 혁명을 일으키는 것은 건축가만이 아니다. 그렇게 생각하면 제 3 신도쿄시도 결코 꿈같은 이야기만은 아닐지도 모른다.

이토록 완벽해 보이는 제 3 신도쿄시도, 작품에서는 아슬아슬하게 위기를 넘길 정도로 극한의 공격을 빈번히 받곤 한다. 철저히 방어했음에도 사도에 대항하기에는 역부족이었던 것일까? 그렇다면 수평 방어 기능을 더 강화하는 기술 개발이… 라는 상상은 다음 기회로 미루도록 하자.

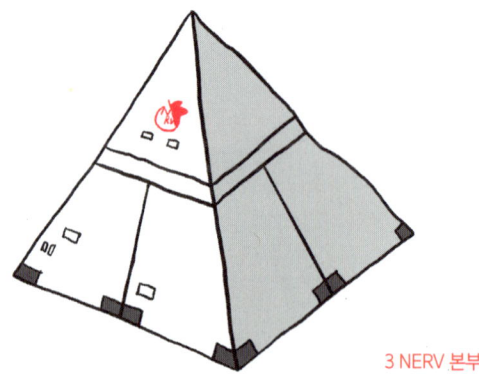

3 NERV 본부

방어에 전력을 다하다! 생활은 불편한 요새 건축

　이제 본론으로 들어가서, 지하 공간 '지오 프론트' 내에 위치한 'NERV 본부'[3]를 자세히 살펴보자. NERV 본부는 피라미드형으로 어딘가 신성한 분위기를 풍긴다. 채광이나 통풍을 위한 창문이 전혀 없으며, 생활의 편의성이라고는 찾아보기 힘든 이 건축물의 설계 의도에 주목할 필요가 있다. 실재하는 요새 건축과 비교해 보자.

　제2차 세계 대전 당시 프랑스 서부에 독일군이 건설한 '생나제르 요새'[4]의 포격 지휘소이다. 두꺼운 콘크리트로 단단히 강화된 이 건물은 오로지 방어력에만 집중한 구조로, 공략이 쉽지 않을 것으로 예상된다. 언뜻 보면 '표현주의 건축'[5]처럼 독특한 조형인데, 이러한 외형이 어떤 면에서 전쟁에 특화된 요새 건축 형태인지 고찰해볼 만하다.

　전투 장면에서 초능력자가 적의 공격을 무력화시키기 위해 주변에 만드는 '배리어'는 애니메이션 세계에서만 존재한다. 그렇다면 현실 세계에서 포격에 대응하려면 어떻게 해야 할까?

4 생나제르 요새

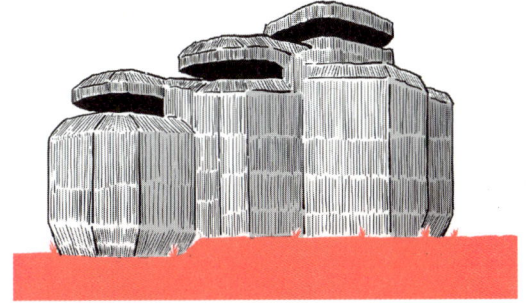

5 표현주의 건축
제1차 세계 대전 종전 후 유럽에서 등장한 건축 양식이다. 이는 전통 건축 양식과 차별화되는 참신하고 유기적인 형태를 특징으로 한다. 벽돌, 철, 유리 등 대량 생산된 새로운 재료와 기술을 발상의 원천으로 삼아 건축적 상상력을 펼쳤다. 독일 건축가 에리히 멘델존(Erich Mendelsohn)의 '아인슈타인 타워(Einsteinturm)'를 대표작으로 꼽을 수 있다.

생나제르 요새 설계자가 고안해 낸 방식은 '받아넘기기'였다.

그렇다, 생나제르 요새는 피탄 시 최소한의 피해로 포탄을 받아넘기도록 계산되었고, 그 결과 이러한 버섯 모양의 형태가 탄생했다. 서두에서 언급했듯이, 이처럼 파격적인 건축물이 탄생한 배경에는 전쟁이라는 역사가 있다.

20세기 주류였던 '기능주의 건축'은 경쾌하고 하얀 상자 형태, 수평으로 길게 뻗은 창문, 개방적인 공간을 갖춘 것이 특징이었다. 이러한 기능주의를 주창한 건축가 루이스 설리번 Louis Sullivan은 "형태는 기능을 따른다 Form follows function."는 명언으로 기능적 측면이 충족되면 건축적 아름다움은 자연스럽게 그리고 필연적으로 따라온다는 사상을 확립했다.

그러나 이러한 주류의 기능주의와 다른, 오직 전쟁에서의 승리만을 추구한 궁극의 기능주의 건축이 제2차 세계 대전 중에 탄생했다. 개방적인 기능주의 건축과 대조적으로, 콘크리트 덩어리로 만들어진 기능주의 건축을 바로 요새 건축이라 정의할 수 있다. 기능주의라는 틀은 같더라도 추구하는 기능이 다르면 이토록 형태가 달라지게 된다. 이것 또한, 건축의 흥미로운 지점이다.

요새 건축은 단순히 방어를 위한 수단을 넘어, 극한의 환경 속에서 건축이 어떻게 진화하고 새로운 형태를 창조해낼 수 있는지를 보여주는 역사의 증거이자, 기능적 미학의 정수이다.

현실의 요새 건축에 비추어 볼 때, NERV 본부에도 그 요소가 확실히 갖춰져 있음을 알 수 있다. 창문이 전혀 없는 거대한 장갑 구조물인 피라미드는 그야말로 '승리' 외의 모든 것을 무시하는 요새 건축 그 자체다.

건축가로서는 꼭 NERV 본부 공간을 직접 체험해 보고 싶지만, 언제 올지 모르는 사도의 공포를 견디기는 힘들기에 견학 정도로 만족하고 싶다. 제3 신도쿄시는 하코네를 모델로 했다고 하니, 그곳에서 온천까지 즐길 수 있다면 더할 나위 없겠다.

COLUMN_09

'움직이는 건축'은 존재했다!

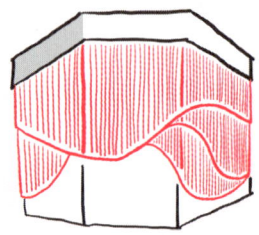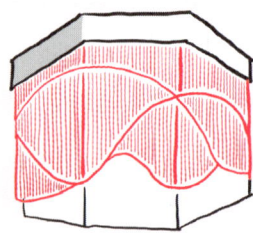

번드 금융 센터(The Bund Finance Center)

본문에서 자세히 다루지는 않았으나, 제3 신도쿄시에서 지상과 지하를 이동하는 건축물들의 임팩트는 역시 무시할 수 없다. '움직이는 건축'이라니, 과연 실현 가능할까?
포스터 앤드 파트너스 Foster + Partners와 헤더윅 스튜디오 Heatherwick Studio가 설계한 예술 문화 시설 '번드 금융 센터 The Bund Finance Center'는 전시 홀과 이벤트 홀을 포함한 복합 문화 공간이다. 상하이의 유서 깊은 지역인 와이탄에 위치한 이 건물은 독특한 외관을 자랑한다. 특히 청동색 스테인리스강 파이프(대나무나 술 장식처럼 보이기도 한다)로 만들어진 3중 스크린이 인상적인데, 무엇보다 이 스크린이 실제로 움직인다는 점은 압권이다. 이처럼 건물의 외피가 끊임없이 변화하는 모습은 단순한 시각적 흥미를 넘어, 건축이 고정된 실체가 아닌 살아있는 유기체 같은 가능성을 제시한다.
극장의 무대 커튼에서 영감을 받은 디자인으로, 세 개의 스크린 조합을 통해 완전히 개방되거나 닫히는 등 용도에 따라 자유자재로 변형시킬 수 있다. 닫혀 있을 때의 외관은 마치 요새 같은 인상을 준다. 이는 '건축물은 형태가 고정된 것'이라는 통념을 깨트린 매우 야심 찬 작품이다. 또한, 형태를 바꿈으로써 도시 경관에 주는 인상을 변화시킬 수 있다는 점에서도, 완전히 새로운 건축의 가능성을 제시한 흥미로운 시도이다.
물론, 지상과 지하를 이동하는 도시가 현재는 존재하지 않지만, 그러한 구상이 실현될 날이 의외로 가까워지고 있을지도 모른다.

No. 010
게게게의 기타로

집은 주거 목적만이 아니다!
건축이 지닌 또 다른 가치란?

『게게게의 기타로』는 작가 미즈키 시게루의 작품으로 요괴 만화의 정수로 꼽힌다. 원작을 바탕으로 애니메이션을 비롯한 다양한 장르의 콘텐츠가 제작되었고, 높은 인기를 얻으며 지금까지도 폭넓게 사랑받고 있다.

건축이 가진 또 하나의 의미

'아침에는 자고 낮에 일어나서 산책 그리고 밤에는 묘지에서 운동회…'
 범상치 않은 라이프스타일을 고수하는 게게게의 기타로는 유령족 '눈알 아버지'와 함께 '게게게 하우스'라는 트리 하우스에서 살고 있다.
 작품 속 트리 하우스처럼 상상력을 자극하는 특이한 주거형태가 현실 세계에도 존재할까? 놀랍게도 나무 위에 지어진 예사롭지 않은 건축물이 실재한다. 비범한 건물을 마주하면 자못 궁금해진다.

 어째서 이러한 형태로 지었을까?
 왜 여기, 이 땅에 지었을까?

 건물을 지을 때는 기능성과 쾌적함을 확보하는 것뿐만 아니라, 땅의 역사와 문화를 반영함으로써 독자성을 지닌 디자인을 구현하는 경우가 있다. 건축물은 혹독한 환경으로부터 인간을 보호하는 피난처인 동시에 역사와 문화를 계승하는 장치이기도 하다.

게게게 하우스

일반적으로 나무를 기초로 활용하는 건물을 트리 하우스라고 부른다.

거주 공간의 구조는 소박한 일본 가옥 같은 분위기이다.

게게게 하우스가 위치한 지역은 작가와 인연이 깊은 도쿄도 조후시이다.

결론적으로 건축은 단순히 벽돌과 시멘트의 조합을 넘어, 땅의 이야기와 사람들의 삶, 그리고 그 속에 깃든 보이지 않는 힘까지 품고 있다.

이번 편에서는 게게게 하우스와 그곳에 사는 기타로와 눈알 아버지 같은 요괴의 존재를 단서로 삼아, '지령 地靈', 즉 게니우스 로키 Genius Loci라는 이색적인 건축 개념에 대해 알아보자!

게게게 하우스는 실재했을까?

그 땅의 역사를 반영한 건축물이란 무엇일까?

이를 설명하기 전에, 먼저 '게니우스 로키' 개념을 이해할 필요가 있다. 게니우스 로키는 라틴어로 '땅을 지키는 정령, 즉 지령 또는 장소의 혼'을 의미한다.

1979년 크리스티안 노르베르그-슐츠 Christian Norberg-Schulz가 『장소의 혼: 건축의 현상학을 향하여 Genius Loci: Towards a Phenomenology of Architecture』를 출판하면서 현대 건축에서 중요한 개념으로 자리 잡았다.

당시 건축은 마침 '유니버설 스페이스 universal space'[1]라는 개념의 등장으로 모던하고 심플한 디자인이 주류를 이루었지만, 동시에 획일적인 건물만 양산되어 지루하다는 비판 또한 나오기 시작했다.

그런 가운데 다시 부상한 것이 바로 '지령을 계승한다'는 사고방식이었다. 게니우스 로키가 주목받게 되면서 건축은 물질적 가치뿐만 아니라, 땅이 지닌 역사적 성격이나 그곳에서 탄생한 문화를 계승하는 역할도 있다는 인식이 확산되었다. 건축이 물리적인 구조를 넘어, 땅과 시간, 사람의 정신을 잇는 살아있는 기록이자 매개가 된 것이다.

작중에서 게게게 하우스는 도쿄도 조후시 시모이시하라에 있는 후다텐 布多天 신사 뒤편에 있다고 한다. 후다텐 신사는 2천 년에 육박하는 역사를 지닌 유서 깊은 곳으로, 인간의 수명을 아득히 초월하는 역사를 지녀 그야말로 '지령'이 깃들어 있다는 말이 더없이 어울리는 장소다. 게다가 조후시는 작가인 미즈키 시게루 水木しげる가 오랜 기간 살았던 곳이기에 작품과 땅의 관계는 더욱 밀접하게 연결된다.

1 유니버설 스페이스
건축가 미스 반 데어 로에가 제창한 개념이다. '공간은 이용자에 의해 규정되어야 한다'는 원칙에 기반하여 모든 용도에 유연하게 대응할 수 있는 균일한 공간을 의미한다.

나가노현에 위치한 '다카스기안 高過庵'은 게게게 하우스와 꼭 닮은 외관은 물론, 땅의 역사를 담아낸 공통점을 가졌다는 의미에서도 흥미로운 건축물이다.

'리얼 게게게 하우스'로 불리는 '다카스기안'은 나가노현 지노시 출신의 건축가이자 건축사학자인 후지모리 테루노부 藤森照信[2]의 대표작이다. 그가 나고 자란 고향집의 밭에 지어진 이름 그대로 매우 높은 곳에 떠 있는 듯한 다실이다. 이 높이 덕분에 다실은 외부 세계와 분리된 단출한 공간이 되고, 때로는 응접실로도 사용된다. 또한 창문을 통해 가족이 밭에서 일을 하는 모습을 바라볼 수 있도록 설계되었다.

실용성만 따지자면, 출입이 힘들고 강풍에 흔들리는 등 지극히 불편한 건물일 수도 있다. 하지만 자신이 태어나고 자란 땅이라는 정취와 다실 내부에서 보이는 토착적인 풍경을 고려할 때, 어릴 적부터 이곳에서 산을 놀이터 삼아 자란 후지모리만이 구현할 수 있는 작품이라고도 할 수 있다. 다카스기안은 기능이나 성능의 척도가 아닌, 땅의 특징과 자신의 어린 시절 풍경을 반영한 건축물이다.

2 버내큘러와 인터내셔널 버내큘러
게니우스 로키와 유사한 의미를 지닌 '버내큘러(Vernacular)'라는 용어가 있다. 이는 '토착적인'이라는 의미의 단어인데, 어느 날 건축가 하라 히로시가 진초칸 모리야 사료관을 보고 '무국적의 민가'라고 평한 것을 계기로, 후지모리 테루노부는 자신이 추구하는 건축이 '인터내셔널 버내큘러(International Vernacular)'라고 공언하고 있다.

다카스기안

건축가 후지모리 테루노부 본인도 '너무 높게 지었나?'라며 반성했다는 소문이 있다.

높이 6m 나무 위에 지어져 있다.

다실에서는 토착적인 풍경을 조망할 수 있다.

전체 구조를 지탱하는 것은 두 그루의 가는 나무이다.

이는 불편함을 감수하고서라도 땅과의 유대감을 지키려는 건축가의 뚝심을 보여주며, 진정한 건축적 가치가 어디에 있는지를 묻는다. 최신 기술과 화려한 조형이 아닌, 건축가가 땅과 함께 겪어온 시간 그 자체가 건축의 또 다른 의미가 될 수 있음을 시사한다.

단순 인용이 아닌, 샘플링 건축

다카스기안에서 멀지 않은 곳에 '진쵸칸 모리야 사료관 神長官守矢史料館'이라는 건축물이 있다. 이 역시 후지모리의 작품이다. 자연이 지닌 불균일함을 의도적으로 내세운 외관이나 지붕에 튀어나온 나무 기둥 등이 특히 인상적이다.

이 사료관은 스와 타이샤諏訪大社의 최고 신관을 대대로 지내온 모리야 가문 守矢家이 보관해 온 역사 자료가 나가노현과 지노시의 문화재로 지정되면서, 이를 보관·전시하기 위해 건립되었다. 후지모리의 작명에 관여한 사람이 당시 모리야 가문의 당주였고, 다음 대 당주와는 소꿉친구라는 인연으로, 그가 설계를 맡게 되었다.

진쵸칸 모리야 사료관

자연이 지닌 거친 모습을 의도적으로 남겨둔 외관이다.

지붕에 나무 기둥이 튀어나와 있다.

외벽에는 제재 기술이 발전하기 이전의 '판'이 사용되었다.

네 개의 기둥은 나가노현의 전통 축제 '온바시라 마츠리'를 참고한 것이다.

후지모리는 이 사료관 설계를 맡으면서 모리야 가문의 역사를 표현하는 건축을 목표로 했다. 하지만 모리야 가문은 민가나 신사 같은 전통적인 건축 양식이 형성되기 이전부터 유구하게 이어져 왔기에, 진정한 의미에서 그 가문을 대변할 건축 양식은 존재할 수 없었다.

'건축'이 탄생하기 전에는 당연히 건축 양식이나 형태 같은 개념조차 없었으며, 그저 돌, 나무, 흙 등의 재료만 존재하는 상황이었다. 따라서 후지모리는 더 원시적인 건축 형태나 공법을 도입함으로써 '모리야 가문에 계승되어 온 역사'를 표현하고자 했다.

사료관을 보면 네 개의 기둥이 출입구 지붕을 관통하는데, 거목을 신사의 네 방향에 세워 신목으로 삼는 나가노현 스와 지역의 전통 축제 '온바시라 마츠리 御柱祭'에서 영감을 받았다고 한다. 외벽의 사와라 나무판은 톱으로 가공하는 현대식이 아니라, 나타 ナタ (산림 작업에 사용하는 일본식 날붙이 도구)를 사용하여 판의 절단면을 얇게 벗겨내는 '건축' 이전의 공법이 사용되었다.

여기서 말하는 '판 板'은 모리야 가문이 탄생한 훨씬 후인 무로마치 시대에 발명된 것이므로, 정확히는 '판보다 오래된 판'이 사용된 것이다.

3 소라도부도로부네(空飛ぶ泥舟)
이 역시 후지모리 테루노부의 작품이다. 다카스기안이나 진쵸칸 모리야 사료관 인근에 건설된, '하늘을 나는 진흙 배'라는 뜻의 다실이다.

후지모리가 사용한 이 기술이 대단한 이유는 단순한 '인용'에 머물지 않았기 때문이다. 표면적으로만 디자인을 샘플링하는 것이 아니라, 역사에 대한 깊은 이해를 바탕으로 '이 땅, 이 문맥에서만 성립하는 모리야 가문의 건축'을 제대로 표현하고 있다. 이는 건축사학자이기도 한 후지모리만이 가능했던 작업이라고 할 수 있다.[3] 건축물의 형태와 재료, 그리고 시공 방식에 역사와 문화를 재료 삼아 건물을 축조하는 작업은 단순한 복원을 넘어, 건축을 통해 땅의 기억을 현대적으로 재해석하는 '샘플링 건축'의 진정한 의미를 보여준다.

사람들의 기억에 남는 뛰어난 건축물의 배경에는 그 땅의 역사와 사람들의 기억, 즉 지령이 살아 있다. 그런 의미에서 지령이라고도 할 수 있는 기타로와 눈알 아버지가 사는 게게게 하우스는 그저 허름한 트리 하우스가 아니라, 지령을 품은 채 수백 년의 역사를 간직하고 시대를 관통하는 유산일지도 모른다.

COLUMN_10

게니우스 로키와 공감의 건축

이츠쿠시마 신사 오오토리이

게니우스 로키의 개념을 적용하면 '이츠쿠시마 신사'와 '히로시마 평화기념공원'에 대해 새롭게 조명해 볼 수 있다. 전혀 다른 주제에서 다루었던 건축물들이지만, 지령이라는 관점에서 보면 공통으로 주목할 만한 점들이 있는 작품이다!

건축사학자 스즈키 히로유키 鈴木博之는 저서 『일본의 지령: 게니우스 로키』(2004)에서 이 두 건축물을 심층적으로 분석한다. 그는 이츠쿠시마 신사가 육지를 피해 바다에 세워진 이유를 성역인 배후의 산을 침범하지 않기 위함이라고 보며, 해상의 토리이에서 신체 神体인 산을 향한 아름다운 축선 軸線이 통하는 것은 땅의 장소성(게니우스 로키)에 최대한 경의를 표한 설계라고 설명한다.

스즈키는 히로시마 평화기념공원 또한 위령비의 빈 공간을 통해 참혹한 역사의 흔적이 남은 원폭 돔에 시선이 계속 향하도록 설계된 건축이라고 말한다.

게니우스 로키라는 용어는 일반인에게 다소 낯설 수 있다. 그러나 스즈키의 관점을 바탕으로 생각해 보면, 지령에 대한 존중을 담아 설계된 공간은 무의식중에 많은 사람의 공감을 끌어낸다고 볼 수 있다. 이처럼 건축을 통해 땅과 소통하려는 시도는 물리적 기능을 넘어선 감동과 깊은 이해를 선사하며, 보이지 않는 곳에 깃든 장소의 혼을 일깨우는 역할을 한다.

No. 011
극장판 짱구는 못말려: 핸더랜드의 대모험

뽀족하게! 돋보이게!
화려하게 개성을 뽐내는 건축물

「극장판 짱구는 못말려: 핸더랜드의 대모험」은 우스이 요시토의 만화 『짱구는 못말려』의 극장판 시리즈 4기로 1996년에 개봉했다. 어린이 대상의 일반적인 작품들과는 차별되는 독특한 세계관과 기묘한 분위기를 선보여 야심작으로 평가받는 작품이다.

새로운 가치관을 창조한 신진 건축가들

르 코르뷔지에의 빌라 사보아처럼 심플하고 모던한 건축 디자인은 오랫동안 주류이자 인기 있는 스타일로 자리 잡았다. 잡지 표지나 거리에서 볼 수 있는 인상적인 건축물을 떠올리면 복잡하고 다채롭기보다는 플랫하고 세련된 이미지가 연상된다.

그러나 한편에서는 모더니즘의 합리성을 비판하고 재해석한 전위적인 디자인이 제안된 역사도 있다. 보수적인 사람들로부터의 공격과 반대에 직면하면서도, '화려하고 재미있는 건축물을 만들겠다!'고 천명하며 새로운 가치관을 창조해 온 선구적인 건축가들은 어느 시대에나 존재했다.

이러한 도전 정신을 떠올리게 하는 애니메이션이 있다. 바로「극장판 짱구는 못말려: 핸더랜드의 대모험」에 등장하는 '핸더성'이다.

핸더성이 우뚝 솟아 있는 곳은 군마현에 갑자기 개장한 테마파크 '핸더랜드'로 호수 한가운데 자리하고 있기 때문에 다리를 건너서 들어가야 한다. 핸더랜드에 입장하면 맨 처음 동화의 숲이 등장하고, 다리를 건너면 중세 유럽 마을인 핸더타운이 있다.

핸더성

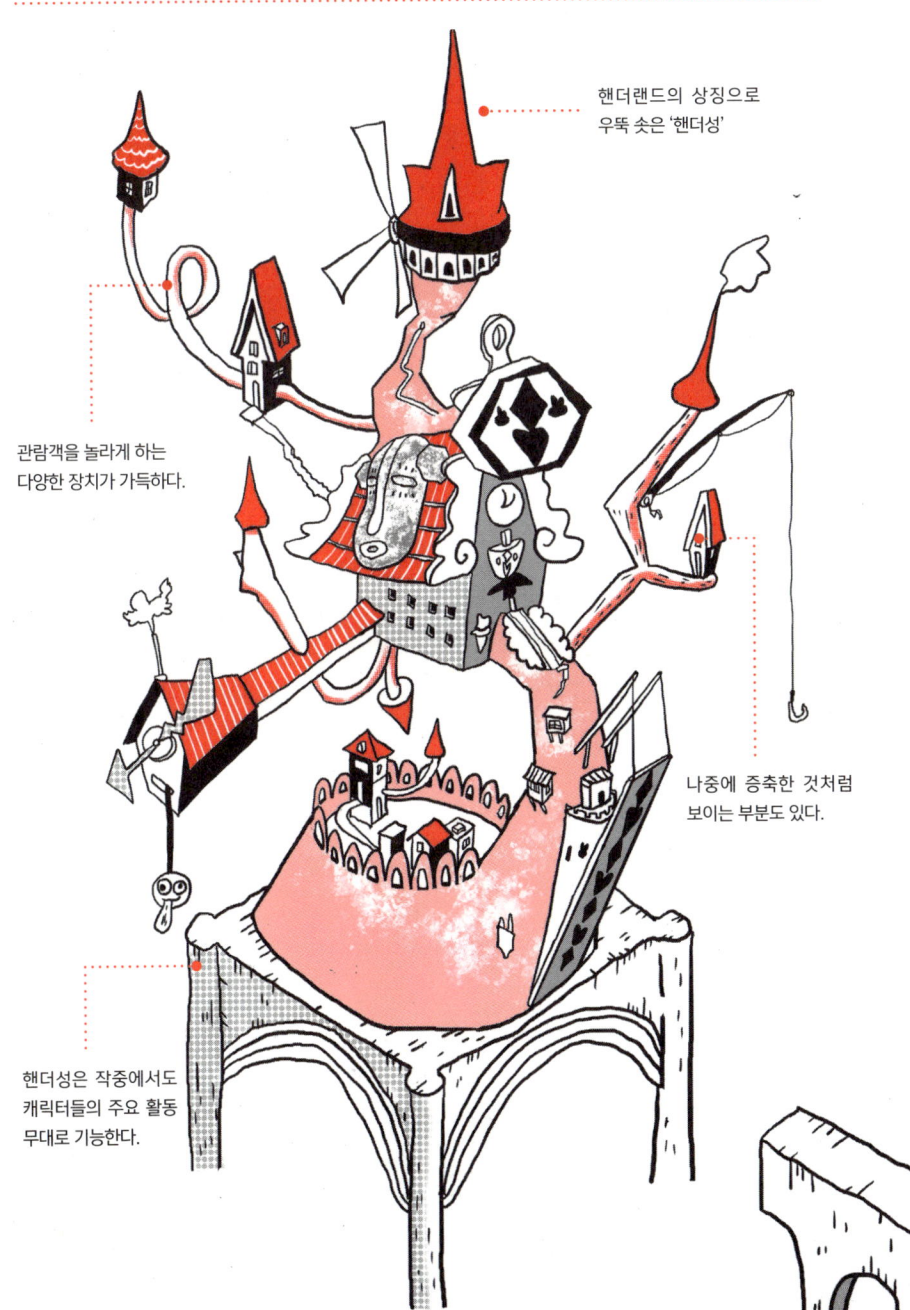

핸더랜드의 상징으로
우뚝 솟은 '핸더성'

관람객을 놀라게 하는
다양한 장치가 가득하다.

나중에 증축한 것처럼
보이는 부분도 있다.

핸더성은 작중에서도
캐릭터들의 주요 활동
무대로 기능한다.

이어서 핸더랜드의 상징인 핸더성이 호수 한가운데에 우뚝 솟아 있고, 다리를 건너면 플레이랜드로 이어진다.

일각에서는 디즈니랜드를 오마주한 것으로 보기도 하지만,『짱구는 못말려』의 세계관은 그리 단순하지 않다. 핸더성의 디자인은 신데렐라 성과는 전혀 닮지 않은 기묘한 조형을 하고 있다. 심플함이 지배하는 모더니즘 건축의 흐름 속에서, 핸더성은 의도적인 이질감과 대담한 조형으로 새로운 건축적 가치를 선언하는 듯하다.

이 장에서는 핸더성의 아이코닉한 디자인을 참고하여 화려하게 '존재감을 뽐내는' 건축 작품들을 소개한다. '심플함은 지루함이다!'라는 메시지를 과감히 드러내는 기묘한 작품들은 하나같이 멋지고 재미있다!

질서를 파괴하라! 다다이즘 건축

핸더성은 등장부터 파격적이고 기이한 조형으로 시선을 사로잡는다. 오른쪽으로 뻗어 나가는가 싶더니 왼쪽으로 꺾이고, 뒤늦게 덧붙인 듯한 탑이 달려 있는 등 합리성을 무시한 극단적인 디자인이다.

1 쿠르트 슈비터스 '메르츠바우'

이러한 조형은 허구의 세계에서나 가능할 법하지만, 현실 세계에서도 핸더성처럼 전위적인 디자인의 건물이 잇달아 탄생한 시기가 있다. 그 계기가 된 것이 '다다이즘 Dadaism'이라는 예술 운동이다. 1910년대 중반 무렵부터 각국의 주요 도시에서 본격화된 다다이즘 운동은 '질서 파괴'를 목표로 시, 회화는 물론 건축까지 그 영향력을 확산시켰다.

대표적인 다다이즘 건축물로 예술가 쿠르트 슈비터스 Kurt Schwitters의 '메르츠바우 Merzbau'[1]를 꼽을 수 있다. 쿠르트 슈비터스는 자신의 아틀리에 겸 주거 공간에서 당시 교류하던 예술가와 건축가의 머리카락이나 주워 온 폐기물 등을 기둥에 묶는 방식으로 추상적이고 기하학적인 조형물을 제작했다. 완성된 형태를 추구하는 대신, 끊임없이 재구성하는 실험적인 접근 방식을 취했다는 점도 흥미로운 부분이다. 기존의 '당연함'을 파괴하려는 무질서한 디자인이 당시 사람들을 놀라게 했다.

다다이즘 건축의 흐름은 현대까지 큰 영향을 미치고 있다. 예를 들어 아라카와 슈사쿠 荒川修作[2]와 매들린 긴즈 Madeline Gins, 두 예술가의 '요로텐메이한텐치 養老天命反転地'를 꼽을 수 있다.

2 아라카와 슈사쿠와 네오 다다이즘
아라카와 슈사쿠는 1960년에 결성된 '네오 다다이즘 오거나이저즈(Neo-Dada Organizers)'의 일원이었다. 이 그룹 역시 다다이즘의 연장선상에 있었다.

요로텐메이한텐치 외관

화려한 색채로 강렬한 인상을 풍긴다.

요로텐메이한텐치 내부

신체 감각을 뒤흔드는 내부 구조. 외관과 마찬가지로 강렬한 색채 사용이 특징적이다.

기후현 요로초에 위치한 이 테마파크는 핸더랜드가 연상되는 색채가 특징인 조경 건축 작품으로, 매년 9만여 명의 방문객을 맞이하고 있다. 요로텐메이한텐치의 가장 큰 특징은 바닥과 벽면이 의도적으로 기울어져 있거나 굽어 있다는 점이다.

여기에는 일반적인 건축에서 당연하게 여겨지는 수평·수직이라는 개념을 의도적으로 무너뜨림으로써('반전'시킴으로써), 방문객의 본능적 '신체성'을 일깨우려는 목적이 있다. '당연함을 의심'하는 다다이즘 건축의 정신을 실제로 체험할 수 있는 매우 인상 깊은 작품이다.[3] 이러한 파격적인 시도는 방문객에게 공간에 대한 기존의 인식을 뒤흔들고, 자신의 신체를 통해 건축의 의미를 재정의하게 만드는 경험을 선사한다.

이처럼 기존 개념을 의심하는 스릴 넘치는 다다이즘 건축의 디자인은 항상 우리의 가치관에 새로운 질문을 던진다. 단순히 화려하고 독특하다는 감상 정도로 받아들여도 무방하지만, 그 안에 담긴 의도를 이해한다면 건축 감상이 더욱 즐거워질 것이다.

3 요로텐메이한텐치의 색채
'요로텐메이한텐치'의 다채로운 색채는 자연광을 받아 독특한 시각 효과를 연출한다. 이러한 효과는 일반적인 인식을 뒤흔드는 공간 속에서도, 공간을 최종적으로 해석하고 인지하는 데 시각이 얼마나 근본적이고 강력한 역할을 하는지 상기시킨다.

심플하면 지루할까?

다음으로 핸더성의 장식에 주목해 보자. 과도하게 장식된 핸더성은 이른바 세련됨과는 거리가 먼 디자인이다. 르 코르뷔지에의 모더니즘 건축과 근대 건축 5원칙이 등장한 이래 포스트모던의 흐름이 탄생하기까지 건축 디자인은 오랫동안 '심플 이즈 베스트 Simple is best(간결한 것이 더 아름답다)'라는 가치관이 주류를 이뤘다.

이러한 가치관을 더욱 확고히 한 사건으로, 1933년 일본을 방문한 독일 모더니즘 건축가 브루노 타우트 Bruno Taut가 닛코 토쇼구 신사 日光東照宮의 화려하고 장식적인 면모를 '키치 kitsch(저속하다)'라고 비판했던 일화는 유명하다. 그는 이세 신궁이나 가쓰라리큐의 절제되고 간결한 아름다움을 진정한 '일본적인 미'로 보았기에, 토쇼구 東照宮의 과도한 장식은 자신이 추구했던 모더니즘의 단순성과 기능주의에 배치된다고 평가한 것이다.

좀 더 현대에 가까운 사례로, 역시 독일 건축가인 미스 반 데어 로에가 주창한 '레스 이즈 모어 Less is more(간결한 것이 더 아름답다)'라는 명제도 잘 알

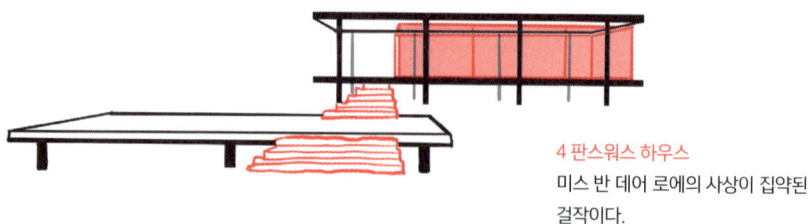

4 판스워스 하우스
미스 반 데어 로에의 사상이 집약된 걸작이다.

려져 있다. 단순함이 더 낫다는 그의 디자인 지향은 모던 디자인의 상징이자 근간으로 여전히 자리 잡고 있다.[4] 그렇다고 해서 핸더슨의 디자인을 '비정상적이고 기이하다'라며 쉽게 무시할 수는 없다. 1960년대, 미국 건축가 로버트 벤투리 Robert Venturi는 키치를 긍정적으로 재해석하는 새로운 가치관을 제시했다. 그는 건축의 본질이 반드시 순수하거나 미니멀할 필요는 없다고 주장했다. 오히려 복합적이고 모순적인 요소들이야말로 인간의 감각에 깊이 있고 다층적인 자극을 주어 풍요로운 경험을 제공할 수 있다고 강조했다.

벤투리는 저서에서 과도한 '레스 이즈 모어'가 닮은꼴의 건축물만 획일적으로 양산하고 있다고 비판하며, 이를 '레스 이스 보어 Less is bore(간결한 것은 따분하다)'라고 되받아쳤다. 그는 지나치게 절제된 건축에 반기를 들며, 라스베이거스 도로변에서 흔히 볼 수 있는 아이코닉하고 상업적인 건축물들을 자신의 주장을 뒷받침하는 생생한 증거로 활용했다.[5]

벤투리는 이러한 건축물들이 복잡함과 모순을 내포하고 있어, 방문객이 다양한 이미지를 상상할 수 있다는 점에서 우수하다고 평가했다. 나아가, 그 이미지에서 비롯되는 감상자 간의 소통에도 가치를 부여했다.

5 아이코닉한 도로변 건축
벤투리가 대표적인 예시로 제시한 아이코닉한 도로변 건축물이다.

이 관점에서 다시 한번 핸더성을 살펴보자. '저 부분은 어떻게 되어 있을까?', '안에 들어가면 어떤 분위기일까?'와 같은 방문객의 상상력을 자극하는 장치들이 가득하다는 것을 깨닫게 된다.

비록 세련된 인상을 받기는 어렵지만, 벤투리적인 가치관에서 보면 지극히 매력적이고 뛰어난 건축물이라고 할 수 있다. 건축계는 벤투리처럼 기존의 가치관을 의심하는 인물이 등장함으로써 더 발전하고 성숙해졌다. 이러한 흐름은 분명 다른 분야에서도 마찬가지일 것이다.

궁극의 '그럴듯함' 테마파크 건축

화려한 장식(키치)은 일종의 '명확성'으로 이어지며 그 종착점은 '테마파크'다. 예를 들어 디즈니랜드의 신데렐라성이나 유니버설 스튜디오 재팬의 해리포터 구역처럼 테마파크에는 명확한 '그럴듯함'이 넘쳐난다. 이러한 테마파크 특유의 환상적이고 상업적인 조형 언어는 카페, 상점 같은 상업 공간은 물론 주거 공간의 디자인에까지 반영되어, 현실 속에서 의도적인 '그럴듯한 연출'을 만들어내고 있다.

그러나 일부에서는 테마파크 건축을 '작품'으로 보기 어렵다고 주장한다. 건축은 무릇 땅과 시대 배경, 구조와 디자인의 조화 등 다양한 요소를 깊이 고민한 결과로 탄생하는 '작품'이므로 '성처럼 만들고 싶다', '레트로 감성을 표현하고 싶다'와 같이 미리 정해둔 답에서 역산하여 만들어지는 테마파크 건축은 '건물'일 수는 있어도 '작품'은 아니라는 것이다. 다소 극단적으로 들릴 수도 있지만, 실제로 존재하는 주장이다.

하지만 건축물과 '그럴듯함'은 떼려야 뗄 수 없는 관계라는 것 또한 사실이다. '주택은 주택답게, 사무실은 사무실답게'처럼 고객의 의뢰를 받는 이상, 사람들이 일반적으로 가지고 있는 생각, 즉 통념적인 이미지에 부합할 필요도 있다. 건축가란, 바로 그러한 일반적인 기대치 안에서 다양한 창의성을 발휘해 디자인하는 전문가이다. 베이커리 가게를 의뢰한 고객에게 견고한 댐 같은 디자인을 제안하는 건축가는 거의 없을 것이다. '~다움'을 디자인하는 것 또한, 건축가의 중요한 일이다. 결국 건축이란, 단순한 물리적 구조물을 넘어, 특정 시대의 문화와 사회적 통념, 그리고 사람들의 무의식적 기대를 섬세하게 읽어내는 복합적인 예술이자 행위라 할 수 있다.

COLUMN_11
유원지와 세계박람회

오카모토 타로 '태양의 탑'

테마파크지만 유원지와는 다른 의미를 지닌 곳도 존재한다. 바로 세계박람회, 이른바 엑스포이다. 최첨단 문화와 기술이 전시되어 많은 주목을 받는 엑스포 회장 설계에 건축가가 참여하는 경우가 많다. 이러한 특성 덕분에 엑스포는 건축 분야에서 차세대 작품들이 잇달아 발표되는 중요한 무대이다.

지금까지 일본에서 열린 박람회로는 1970년에 처음 개최된 오사카 엑스포, 2005년에 열린 아이치 엑스포, 2025년에 열린 오사카·간사이 엑스포가 있다. 이 중 1970년 오사카 엑스포는 박람회장 종합 설계를 단게 겐조가 담당하는 등 건축가의 참여가 두드러진 행사였다. 또한 앞서 본문에 등장한 구로카와 기쇼 黑川紀章나 키쿠타케 키요노리 菊竹清訓 등의 작품도 선보이며 당시 전성기를 누리던 메타볼리즘 사상이 짙게 반영된 파빌리온(전시관)이 구현되었다. 2025년의 오사카·간사이 엑스포는 후지모토 소스케가 박람회장 디자인 프로듀서로 선정되었으며, 회장 내 휴게소나 화장실 설계는 차세대를 이끌 젊은 건축가 20팀이 공모를 통해 선정되었다.

경제 침체, 인구 위기, 환경·에너지 문제 등 1970년과는 완전히 다른 사회경제적 상황에 직면한 일본에서 제시된 건축물에 세계의 이목이 쏠린다. 오늘날 건축가들의 도전이 50년 후에 어떤 의미를 지닐지는 두고 볼 일이지만, 이번 세계박람회는 분명 건축 업계에 큰 전환점이 될 것이다. 세계박람회는 단순히 기술과 문화의 경연장이 아니라, 건축이라는 매개를 통해 당대 사회의 고민과 미래에 대한 비전을 제시하는 '시대를 비추는 거대한 건축적 거울'로 기능하기 때문이다.

No. 012
하울의 움직이는 성

도시가 걸어 다닌다?!
'짓지 않는' 건축의 세계

「하울의 움직이는 성」은 미야자키 하야오 감독이 연출하고 2004년에 개봉한 스튜디오 지브리의 장편 극장판 애니메이션 영화다. 소녀 소피와 마법사 하울을 둘러싼 이야기로, 영국의 판타지 소설 『마법사 하울과 불의 악마』를 원작으로 하고 있다.

건축의 해체

마치 생명체처럼 발이 달려 걸어 다니는 「하울의 움직이는 성」은 마법사 하울이 친구인 불의 악마 캘시퍼와 함께 사는 이동식 공유 주택이다. '이곳에서 한 번쯤 살아보고 싶다!'고 상상한 사람도 많을 것이다. 작중에서는 마법으로 움직이는 성이었지만, 건축계에도 한때 하울의 성처럼, 혹은 훨씬 거대한 건축물이 도시 중심부를 활보하는 모습을 구상한 프로젝트가 존재했다. 이러한 발상은 건축의 고정된 형태와 영구성을 해체하려는 급진적인 시도로, 상상 속에서만 가능했던 유동적인 도시를 제안했다.

이처럼 건축을 실현할 수 없거나 의도적으로 실현하지 않는 것을 전제한 프로젝트를 '언빌트 Unbuilt'라 한다. 음악이나 패션 등 여러 분야도 마찬가지겠지만, 건축 업계는 종종 '기존의 패러다임을 완전히 뒤바꾸는 움직임'이 새로운 흐름을 형성하곤 한다.

여기서는 스튜디오 지브리의 명작 「하울의 움직이는 성」을 참조하면서, 건축계에 전율을 일으킨 언빌트 건축의 사례를 소개한다.

하울의 성

움직이는 성의 동력은 마법. 꿈이 펼쳐지는 설정이다.

오랜 시간에 걸쳐 증축한 듯한 외관.

성 전체는 폐자재로 만들어진 듯하다.

거대한 성이 거리를 걷는 모습은 엄청난 임팩트를 준다.

신기하고 희한한 워킹 시티

하울의 성처럼 '걷는 건축물'은 실제로 구상된 적이 있었다. 영국의 전위 건축가 집단 '아키그램 Archigram'이 제안한 '워킹 시티 Walking City'라는 작품이다. 아키그램은 동명의 잡지 『아키그램』[1]을 발행했고, 워킹 시티는 1964년에 발표한 『어메이징 아키그램 4 Amazing Archigram 4: Zoom Issue』(1964)에 수록된 작품이다. 드로잉은 멤버 중 한 명인 론 헤론 Ron Herron이 담당했다.

뒤에 보이는 맨해튼의 빌딩군으로 추정하건대, 워킹 시티는 일반적인 호화 여객선보다 약간 큰 규모일 것이다. 둥근 형태의 몸체에는 이동을 위한 길고 가는 다리가 달려 있다. 하울의 성 다리에는 세밀한 관절이 보이지만, 워킹 시티의 다리는 직선적으로 연장되고 수축되는 구조이다. 일러스트에는 원근을 적용하여 네 채가 금방이라도 그림 밖으로 걸어 나올 것처럼 그려져 있으며, 여러 구조물이 자유롭게 돌아다니는 모습을 떠올리게 한다.

또한, 표면에 뚫린 무수한 구멍에 '캡슐 capsule'이라 불리는 거주 유닛이 부착되도록 설계했다고 하니, 이 또한 상상력을 자극하는 매력적인 구조가 아닐까?

---

[1] 아키그램 잡지
1961년 창간되어 1970년 제9호까지 발행되었다. 혁신을 추구하는 경향으로 종종 '건축계의 비틀스'에 비유되곤 한다.

워킹 시티

맨해튼의 고층빌딩 사이를 활보하는 워킹 시티.

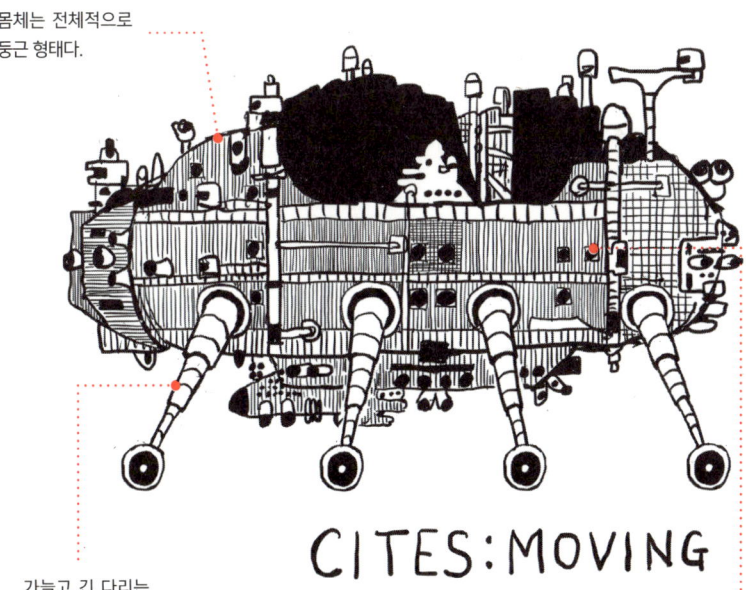

몸체는 전체적으로 둥근 형태다.

가늘고 긴 다리는 신축성을 지닌다.

표면의 구멍에는 '캡슐'이라는 주거 유닛을 부착할 수 있다.

땅에 고정되지 않고, 자유롭게 돌아다닐 수 있는 도시. 확실히 가슴을 뛰게 하는 발상이다. 하지만 '결국은 그냥 공상일 뿐이잖아?'라는 목소리도 들려올 것 같다. 설계도조차 존재하지 않는 실현 불가능한 콘셉트 아트가 왜 건축계에 충격을 주었을까? 그 역사를 간단히 되짚어보자.

1920년대 이후, 르 코르뷔지에로 대표되는 모더니즘이 부상하며 근대 건축 5원칙이나 유니버설 스페이스 등의 개념이 탄생했고 큰 흐름으로 이어졌다. 그러나 1960년대 후반, 그 흐름에 변화가 찾아온다.
 전후 민주주의 사회가 구축해 온 체제에 대한 대중의 불만이 터져 나오기 시작한 것이다. 학생 운동으로 대표되는 이 열풍은 건축계뿐만 아니라 예술계까지 확산되었다.

1960년대부터 1970년대에 걸쳐 기성 가치관에 대한 근본적인 성찰을 시도하는 움직임이 일었다. 세계 각국의 건축계에서는 근대 건축의 고정 관념에서 벗어나려는 비판적인 작품들이 잇따라 등장했다.
 이를 계승해 나타난 것이 아키그램이다. 당시 건축계를 예리하게 분석한

2 이소자키 아라타
오이타현 출신의 건축가로 포스트모던 건축을 이끈 중요 인물이다. 철학적인 접근 방식으로 건축을 마주하는 이소자키는 그야말로 지성의 결정체이다. 너무 어려워서 도중에 포기하는 사람도 많지만, 『건축의 해체』는 건축학도라면 반드시 읽어야 할 명저이다.

이소자키 아라타 磯崎新[2]는 이 흐름을 '건축의 해체'라고 칭하며, 한스 홀라인 Hans Hollein, 찰스 무어 Charles Moore, 세드릭 프라이스 Cedric Price, 크리스토퍼 알렉산더 Christopher Alexander, 로버트 벤투리 Robert Venturi, 슈퍼스튜디오 Superstudio, 아키줌 Archizoom 그리고 아키그램 Archigram 등의 건축가들을 다룬 『건축의 해체_1968년 건축정황』(1975)을 집필했다.

이 책은 근대 건축부터 1970년대 초반까지의 역사적 배경과 맥락을 정리하고 해설하는 한편, 건축의 미래까지 예견하는 시사점을 제시하여 오늘날까지 널리 읽히는 명저이다. 이 책에서 소개된 건축가들은 당시 건축업계에 큰 파장을 일으켰다. 아키그램을 비롯해 '건축의 해체'를 시도한 이들이 현대까지 큰 영향을 미치게 된 것은 이소자키 아라타의 이 책이 그들의 사상과 작품을 널리 알리는 데 결정적인 역할을 했기 때문이다.

아키그램이 후세에 미친 영향은 매우 크다. '동대문 디자인 플라자(DDP)', '헤이다르 알리예프 센터', '도쿄 신 국립 경기장' 디자인 공모 당선안[3] 등으로 주목받은 자하 하디드 Zaha Hadid 그리고 역사의 아픔과 반성을 담아내며

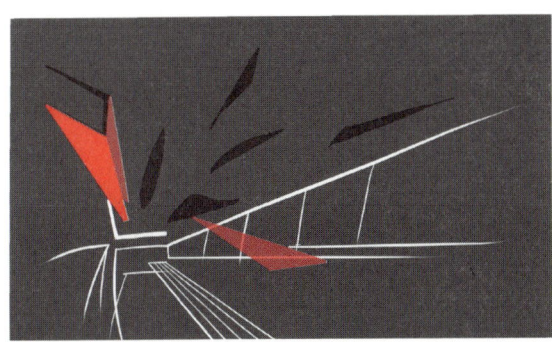

3 자하 하디드의 드로잉
Tokyo International Forum
국제 공모에서 자하 하디드의 설계안이 당선되었으나, 예산 및 디자인 문제로 백지화되었고, 이후 재공모를 통해 쿠마 켄고 그룹의 안이 최종 채택되었다.

미래를 향한 희망을 고유의 시각과 방식으로 표현한 '베를린 유대인 박물관' 설계로 유명한 다니엘 리베스킨트 Daniel Libeskind.

탈구축주의 건축가로 많은 언빌트 드로잉을 발표한 이 둘 역시 젊은 시절, 런던 AA 스쿨에서 아키그램과 교류했다고 알려져 있다.[4]

이처럼 언빌트 건축은 때로는 실현되지 못할지라도 건축적 사유와 미래 비전을 제시하며 후대 건축가들에게 지대한 영향을 미쳐왔다. 언빌트의 소양을 가진 자하 하디드와 다니엘 리베스킨트는 이후, 수많은 명작을 실현한 거장으로 세상에 이름을 떨쳤다.

모든 것을 집어삼키는 미술관

하울의 성에서 '걷는 것' 외에 주목해야 할 특징은 건축 방식이다. 외관을 자세히 보면, 설계에 따라 준비된 재료가 아니라, 낡은 철판이나 전함 부품, 목재 등을 되는대로 그러모아 만든 것처럼 보인다.

4 신판 아키그램 서문(1990년)
아키그램 건축가 집단의 창립 멤버인 피터 쿡(Peter Cook)은 서문에서 자하 하디드와 다니엘 리베스킨트 등 후대 건축가들이 아키그램의 사상에 영감을 받았음을 기술했다.

건축계에서는 이토록 극단적인 콜라주로 건물을 만드는 경우는 거의 없지만, 언빌트 건축이라면 이야기가 다르다. 현대 언빌트 건축의 대표주자인 마크 포스터 게이지 Mark Foster Gage의 '헬싱키 구겐하임 미술관' 설계안을 예로 들 수 있다.

2014년에 진행된 공모전 응모작으로, 인터넷상에서 무작위로 수집된 3D 모델을 콜라주하여 완성되었다. 언뜻 보면 수많은 요철이 적용된 건축물처럼 보이지만, 확대해 보면 각 요철이 곰 캐릭터나, 물고기 지느러미와 같은 의외의 모티프들로 이루어진 독특한 장식임을 깨닫게 된다. 이처럼 게이지의 작품은 단순한 형태의 파괴를 넘어, 고정된 건축의 개념을 해체하고 상상력을 극대화하는 언빌트 건축의 본질을 보여준다.

그러모았다는 점에서는 하울의 성과 유사성이 있지만, 구겐하임 미술관은 수집된 개별 형태에 변화를 더함으로써 독특한 형태를 만들어내고 있다. 그런 의미에서 마크 포스터 게이지는 하울과 겨뤄도 손색없는 숙련된 마법사일지도 모른다.

헬싱키 구겐하임 미술관

인터넷에서 무작위로 수집한 소재로 만들어진 구겐하임 미술관.

전체적으로 풍기는 위압적인 분위기가 보는 이를 압도한다.

멀리서 보면, 집적된 수많은 소재가 단순히 요철로만 보인다.

자세히 들여다보면 다양한 오브젝트가 소재로 사용되었음을 알 수 있다.

COLUMN_12
하울의 성 닮은꼴

이시야마 오사무 '환암'

....

이시야마 오사무 石山修武의 '환암 幻庵'은 공업 제품을 모아 만든 명작 건축물이다. 용수로, 소형 터널 등 토목 공사에서 사용되는 콜게이트 튜브 Corrugated Tube, 철, 유리 등 공업용 부품을 재료로 삼았다. 그 제작 방식 때문일까, 아니면 단순히 외형 탓일까. 환암을 볼 때마다 「하울의 움직이는 성」이 떠오른다.

하울과 캘시퍼가 어떻게 재료를 모았는지는 작품에서 묘사하지 않았지만, 하울이 전쟁에 협력하도록 요구받았고 전장으로 향할 기회도 많았다는 점에서 추정하건대, 성에 사용된 철재는 전투기나 군함에서 주워 모은 것이 아닐지 추측해 본다. 전쟁 중에 구했을 법한 철 조각을 사치스럽게 사용한 하울의 성에는 대포로 보이는 무기도 부품으로 조립되어 있지만, 금방이라도 넘어질 듯 불안정한 움직임은 오히려 재료가 가진 본래의 강건한 존재 방식을 역설적으로 부정한다. 이러한 시선은 환암과도 연결된다.

환암은 본래 카와이 켄지 川合健二의 '카와이 저택 川合邸'에서 영향을 받아 제작된 작품이다. 카와이 켄지는 단게 겐조 산하에서 설비 설계자로 활약한 엔지니어로, 세계 최초로 콜게이트 튜브 Corrugated Tube를 이용하여 건축물을 만든 인물이다.

환암은 이러한 흐름을 계승한다. 규격화된 공업 제품을 이전과는 다른 용도로 대량 활용함으로써 '공업 제품의 존재 방식'에 근본적인 질문을 던지는 작품이다. 이는 공업 재료를 단순히 기능적으로 사용하는 것을 넘어, 그 본질과 쓰임새에 대한 깊이 있는 탐구를 통해 건축을 해체하고 새로운 의미를 부여한다.

....

No. 013
찰리와 초콜릿 공장

비밀의 초콜릿 공장에는
최첨단 건축 기술이 집약되어 있었다!

「찰리와 초콜릿 공장」은 영국 작가 로알드 달의 동명 아동 소설을 원작으로, 팀 버튼 감독이 연출한 장편 영화다. 2005년 개봉 당시, 초콜릿 공장 창업주 윌리 웡카를 연기한 조니 뎁의 개성적인 연기와 의상이 큰 화제를 모았다.

건축 양식의 쇼룸

'혹시, 내가 당첨될지도 몰라!'

과자 속 경품, 잡지 응모 엽서, TV 시청자 선물…. 어린 시절 기대에 부풀었던 그 설렘을 떠올리게 하는 영화가 있다. 팀 버튼 Tim Burton 감독의 대표작 「찰리와 초콜릿 공장」이다.

이 작품은 팀 버튼의 독특한 연출과 색채가 돋보이며, 공간 조형 또한 인상적이고 세심하게 구현되어 있다. 덕분에 여러 번 감상해도 매번 새로운 발견을 할 수 있다. 금요 로드쇼(일본 닛폰TV 영화 전문 프로그램)에서 방영될 때마다 초콜릿을 손에 꼭 들고 시청하곤 했는데, 어느 날 밤 중대한 사실을 깨달았다.

'어라? 팀 버튼, 건축 양식을 엄청나게 참고한 거 아니야?!'

작중에 등장하는 유머 넘치는 건물들의 조형에서 건축 역사 속 다채로운 인용들을 발견한 것이다.

윙카의 초콜릿 공장

거대한 굴뚝에서 연기가 뭉게뭉게 피어오른다.

도시에 우뚝 솟아 있는 거대한 초콜릿 공장.

동화 같은 내부와 달리 외관은 의외로 견고한 인상이다.

수많은 건축가가 오랜 시간 발전시켜 온 건축 양식과 사상을 의도적으로, 단 한 편의 영화 속에 담아냈다면, 팀 버튼은 가히 프리츠커상을 받을 만한 건축적 감각의 소유자라 할 만하다! 작중에 등장하는 건축물들은 모두 포스트모던 건축의 중요한 요소를 두루 반영하고 있다. 이 장에서는 그 것들을 하나하나 소개한다.

찰리의 집은 탈구축주의

주인공 찰리 버켓과 그의 가족이 사는 집은 마을 외곽에 외따로 서 있는 낡은 주택이다. 지붕과 벽이 마치 사진을 비스듬히 늘려 놓은 듯이 기울어져 있다는 것이 특징이다.[1] 이 기울어짐이 그저 노후화 때문일까 싶지만, 자세히 보면 지붕과 벽 모두 복잡한 곡면으로 이루어져 있음을 알게 된다.

일반적인 건축물이 기우는 현상은 대개 구조적 변형이나 획일적인 형태의 왜곡을 동반할 뿐이다. 하지만 찰리 집의 지붕과 벽에 나타나는 복잡한 곡면, 그리고 기울어져 있다기보다 일부러 귀엽게 호를 그리도록 디자인된 듯한 굴뚝의 조형은 단순한 노후화만으로는 설명하기 어렵다.

1 찰리의 집
극단적으로 기울어진 찰리의 집.

이런 비범한 조형에서, 어떤 건축 양식이 번뜩 뇌리를 스쳤다.

'탈구축주의다!'

탈구축주의는 캐나다 출신 미국 건축가 프랭크 게리 Frank O. Gehry [2] 나 앞서 등장했던 자하 하디드로 대표되는 포스트모던 건축의 한 갈래이다. 포스트모던이란 간단히 말해, 자극적이고 새로운 형태를 탐구하는 흐름을 가리키는 말이다.

다양한 스타일로 가지를 뻗으며 현재도 발전을 계속하고 있기에 설명하기는 쉽지 않으나, 르 코르뷔지에로 대표되는 합리적이고 간결한 모더니즘 건축에 대한 안티테제 antithesis(반명제)로서 탄생한 흐름이라고 이해하면 쉽다.

이 양식을 적용해 보면, 찰리 버켓 집의 극단적인 조형도 설명이 된다. 버켓 가족은 소박하고 가난하게 사는 것 같지만, 실은 이 마을에서 가장 전위적인 주택에 살고 있는 매우 스타일리시한 감각의 소유자들일지도 모른다.

2 댄싱 하우스
프랭크 게리가 설계한 탈구축주의 건축의 대표작 '댄싱 하우스'. 찰리의 집과 마찬가지로, 기울어지고 비틀린 형태가 특징적인 작품이다.

움파룸파와 바이오미미크리

다음으로 살펴볼 것은 작품에서 강렬한 인상을 남긴 움파룸파들이다. 그들은 초콜릿 공장의 주인인 윌리 웡카와 계약을 맺고 공장에서 일하는 소인 집단이다. 그들이 사는 집을 보라. 웡카의 말에 따르면 초콜릿에 들어갈 새로운 향료를 채취하기 위해 찾아갔던 '룸파랜드'에 등장한다.

웡카가 울창한 밀림을 헤치고 나아가자, 갑자기 나무 위에 여러 개의 구체가 붙어 있는 콜로니가 등장했다. 웡카는 "그들은 맹수를 두려워하여 나무 위에 살았다."라고 회상한다.

원형 창문이 뚫린 구체 여러 개가 나무 열매처럼 달라붙어 있으며, 그 구체들은 출렁다리 같은 공중 회랑으로 연결되어 있다. 아무래도 땅에 내려오지 않고 건물 사이를 이동할 수 있도록 디자인된 구조다. 구체는 가는 줄기를 묶어 고정된 것처럼 보인다. 이처럼 요철 없이 매끄러운 줄기가 적이 기어 올라오는 것을 막는 역할을 하는 것으로 추측된다.

3 모기 생태 연구의 활용
모기의 생태를 연구하여 '아프지 않은 주삿바늘' 기술에 응용하는 등 다양하게 활용되고 있다.

움파룸파의 보금자리

보는 이로 하여금 구체들 사이를 줄타기로 오가 보고 싶게 만드는 매력적인 장소다. 나는 룸파랜드 콜로니에서 '바이오미미크리 biomimicry'라는 개념이 떠올랐다.

바이오미미크리는 '생체 모방'이라는 의미로, 자연계에 존재하는 다양한 구조나 기능을 모방하여 산업에 응용하는 것을 가리킨다.[3] 최근 다양한 분야에서 주목받는 개념이다.

비둘기나 까마귀, 다람쥐 등은 천적으로부터 자신을 보호하기 위해 나무 위에 둥지를 짓는다. 움파룸파족의 건축 또한 그 습성을 참고하여 나무 위에 거처를 만든 것이 아닐까?

자연의 원리와 생존 전략이 건축적 창의성과 만나 기발한 형태로 구현될 수 있음을 보여주고 있다. 게다가 작은 표면적으로 큰 내부 공간을 얻을 수 있는 구체를 사용함으로써 재료를 극한까지 절감하기도 했다.

세심하게 설계된 '건축가 없는 건축',[4] 그것이 룸파랜드다.

4 『건축가 없는 건축』
미국 건축가 버나드 루도프스키의 저서 제목이다. 건축학도라면 한 번쯤은 접하는 명저이다. 유명 건축가가 아닌, 세계 각지의 풍토와 독특한 기술에 의해 자연 발생적으로 생겨난 건축물을 다수 소개하고 있다.

최첨단 과자 발명의 산실, 하이테크 건축

공장 내부 초콜릿 수로를 따라 들어가면 발명실(INVENTING ROOM)[5]이 등장한다. 초콜릿 공장이라는 특성상 거대한 기계 배치를 위한 공간은 필연적으로 마련될 수밖에 없다. 수많은 정체불명의 기계들이 덕트로 연결되어 있으며, 그 안에서는 밤낮으로 초콜릿, 껌, 사탕 등 다양한 과자들이 개발된다. 전체적으로 어두운 방 안에서, 다채롭고 광택 있는 기계들은 압도적인 존재감을 뿜어낸다.

이러한 거대한 설비에서는 '하이테크 건축 High-tech Architecture'의 향기를 느낄 수 있다. 하이테크 건축은 1970년대에 탄생한 건축 양식 중 하나이다. 모더니즘 건축의 단순함에 한계를 느낀 건축가들이 당시 급속도로 발전한 공업 제품을 의도적으로 노출함으로써, 공업 제품의 미학을 건축에 도입한 디자인이 특징이다.

하이테크 건축은 이전에는 숨겨지던 기계와 설비에 과감히 스포트라이트를 비추고, 이를 디자인의 중심 요소로 적극 활용했다. 이러한 시도는 건축 업계의 가치관을 크게 변화시켰다.

5 발명실 (INVENTING ROOM)

퐁피두 센터

퐁피두 센터는 미술관, 도서관 등으로 구성된 복합 시설이다.

전체를 지탱하는 투박한 골조

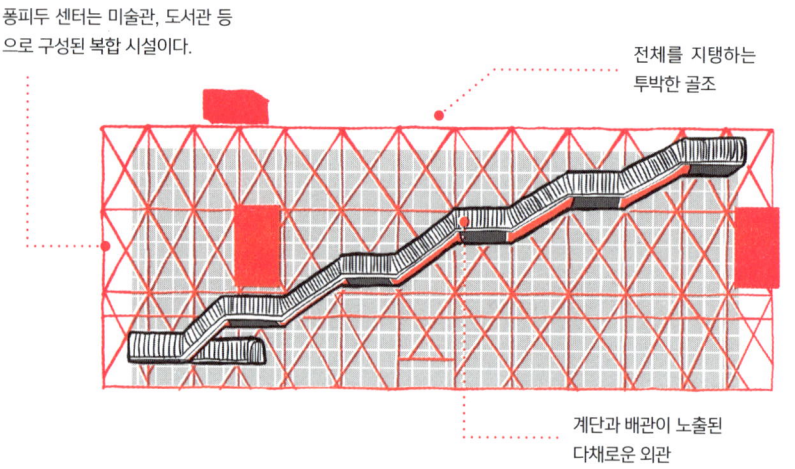

계단과 배관이 노출된 다채로운 외관

로이즈 오브 런던

로이즈 본사 빌딩은 국제적인 보험 시장으로 알려져 있다.

기계적인 의장은 그야말로 '하이테크 건축'의 정수를 보여준다.

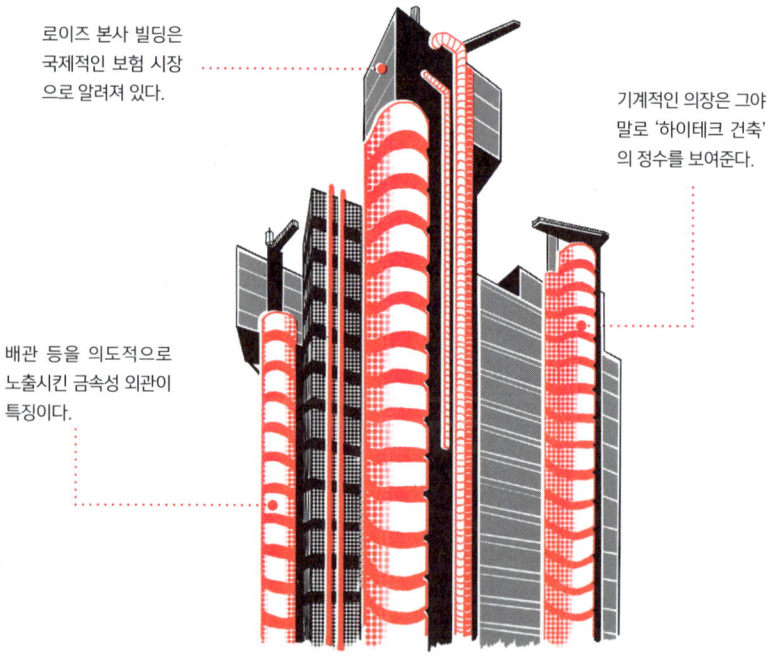

배관 등을 의도적으로 노출시킨 금속성 외관이 특징이다.

대표적인 하이테크 건축의 사례로 파리의 '퐁피두 센터 Centre Pompidou'와 '로이즈 오브 런던 Lloyd's of London'을 꼽을 수 있다. 퐁피두 센터는 당시 시민들로부터 맹렬한 비판을 받았다고 하지만, 현재는 파리에서 가장 유명한 관광 명소 중 하나로 시민들에게 사랑받고 있다.

발명실 장면에서는 푸른빛을 띠는 덕트가 특히 인상적이다. 그 다채로운 색채는 과자를 만드는 즐거운 이미지를 연출하면서도, 공간 전체를 어둡게 하여 동시에 은은한 신비로움을 자아내는 효과적인 무대 장치다.
이는 하이테크 건축이 단순히 기능미를 넘어, 색채와 조명으로 공간에 감성적인 깊이를 부여하는 예술적 가능성까지 지녔음을 보여준다.

하이테크 건축은 1970년대에 여러 가지 형태로 탄생한 후, 한동안 주류에서 벗어난 듯했지만, 최근에는 구글 Google 데이터 센터에 유사한 디자인이 적용되고 있다. 패션의 유행이 서서히 형태를 바꾸며 반복되듯이 건축 양식도 시대의 진화에 따라 부활하는 것이다.

지금까지 살펴본 바와 같이, 이 작품에는 다양한 건축 양식이 등장하는데, 그 이유가 무엇일까? 모든 건물이나 방을 탈구축주의처럼 구불구불하게 통일하거나, 혹은 공장다운 분위기를 전면에 내세워 순수하게 하이테크 건축으로 만들 수도 있었을 것이다.

그러나 작품 속에서는 서로 다른 시대와 장소에서 탄생한 건축 양식이 하나의 이야기 속에 차례로 펼쳐진다. 그 창의성이 만들어내는 것은 현실 세계의 도시와 같은 '다양성'이다.

팀 버튼 감독의 작품은 독창적이라는 평가를 주로 받지만, 달리 말하면 세상의 다양성을 포용하고 저마다의 '멋짐'을 표현한 것이라 할 수 있다. 「찰리와 초콜릿 공장」이 오랫동안 사랑받은 이유는 아마도 보는 이 모두가 그 안에서 '좋아할 만한' 무언가를 발견할 수 있도록 섬세하게 직조된 이야기이기 때문이리라.

COLUMN_13

집 한 채 통째로 이사?

히키야 공법의 모습

「찰리와 초콜릿 공장」의 마지막 장면.
윌리의 후계자가 된 찰리는 가족과 살던 '기울어진 집'을 고스란히 공장으로 옮기기로 한다. 찰리는 가족과 떨어지지 않아도 되고, 외로웠던 윌리 윙카도 새로운 가족을 얻게 되는 아름다운 해피엔딩으로 이야기가 마무리된다.
집을 통째로 옮긴다니, 픽션 속에서나 가능한 이야기라고 생각하기 쉽지만, 사실 현실 세계에서도 가능하다. 집 전체를 이전하는 데 활용되는 기술을 '히키야 공법 曳き家工法'이라고 한다. 주로 토지 구획 정리나 문화재 보존 등을 목적으로 건축물을 이동하거나 보수할 때 사용된다.
구체적인 방법은 건물의 본체를 기초에서 분리하여 들어 올리고 목적지까지 레일로 운반한 후 다시 내려놓는 것이 전부다. 그렇다. 다소 김이 빠질 정도로 간단한 방법이지만, 이는 현재도 사용되는 정식 건축 공법이다. 외형적 변화 없이 온전히 보존할 수 있다는 점에서, 그 안에 깃든 역사와 추억, 사람들의 삶의 궤적까지 고스란히 지켜낸다는 깊은 의미를 지닌다.
찰리 가족은 가난하고 허름한 집에 살았지만, 그럼에도 추억이 가득한 집에 애착을 가지고 있었을 것이다. 앞으로도 그 집에서 변함없이 서로를 의지하며 계속 살아간다는 훈훈한 결말에, 나는 늘 가슴이 뭉클해지곤 한다.

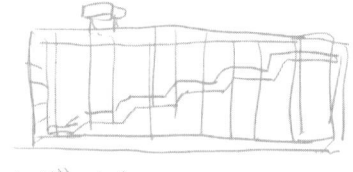

ポンピドゥーセンター

ロイズオブロンドン

postscript

마치며

 과장처럼 들릴지 모르지만, 건축을 알게 되면 일상생활이 훨씬 더 즐거워진다고 믿습니다. 늘 보아왔던 건물에 대한 관점이 바뀌고, 애니메이션과 영화 속에서 정교하게 만들어진 세계관을 이해하는 폭이 넓어지면서 세상을 더욱 풍요롭고 깊이 있게 바라볼 수 있게 됩니다.

 이 책을 통해, 건축에 대해 막연히 '왠지 모르게 좋다'고 느꼈던 감정을 조금이나마 구체적인 언어로 표현할 수 있게 되었다면, 이보다 더 큰 기쁨은 없을 것입니다. 그리고 건축에 종사하는 사람으로서, 앞으로 건축이라는 분야에 더 많은 관심을 가져주셨으면 좋겠습니다. 현대는 건축업계에 큰 전환점이 될 수 있는 매우 어렵지만 동시에 흥미로운 시기입니다.

세상의 건축에 큰 변화가 찾아오는 시점은(경제적인 요인을 제외하면) 개인적으로 크게 세 가지라고 생각합니다.

첫 번째는 기술적인 혁신이 일어날 때입니다. 본문에서도 언급했듯이, 기술의 진화는 건축의 진화와 밀접하게 연결되어 있습니다. 최근에는 3D 프린터의 탄생이 가장 주목받는 사건일 것입니다. 3D 프린터로 구현 가능한 독창적인 조형이나 기술자 부족 문제를 해결하는 사례가 속속 나타나고 있습니다. 미래에는 완전히 무인으로 매우 복잡한 형태의 건축물을 자동 프린팅하는 모습이 연출될지도 모릅니다. 이러한 기술이 실현된다면, 건축의 존재 방식 자체가 더욱 크게 변화할 것입니다.

두 번째는 사회적 가치관의 재검토나 변혁이 일어날 때입니다. 건물의 노후화에 따른 리노베이션이 활발해진 지금, 기존 건축물을 어떻게 활용하고 어떻게 혁신해 나갈지에 대한 사회적 수요와 가치관은 계속해서 갱신될 것입니다. 역사의 계승과 혁신에 대한 논의는 앞으로 모든 분야에서 진행될 것이라고 믿습니다.

세 번째는 건축에 대한 사상이나 인식에 어떤 큰 움직임이 있을 때입니다. 얼마 전까지만 해도 일본에서 새로운 건축 제안은 주로 수도인 도쿄에서 발표되는 경우가 많았습니다. 그러나 현재는 정보나 기술이 전국적으로 평준화되고 있으며, 도심에서 설계 경험을 쌓은 건축가가 연고가 있는 지역으로 이주하여 활약하는 사례도 늘고 있습니다. 이 덕분에 도심에서는 탄생하기 어려운 지역 고유의 건축 작품들이 속도를 높여 등장하게 될 것입니다. 이는 건축이 단순한 '건물 짓기'를 넘어, 시대의 요구와 지역의 특성을 담아내는 진화된 형태로 거듭날 것임을 의미합니다.

과도기를 맞이하는 건축 업계는 앞으로 우리에게 어떤 진화를 보여줄까요? 이 책에서 다루었던 건축 지식을 기반으로, 흥미진진한 전개가 기대됩니다. 만화나 애니메이션에 등장하는 꿈의 건축을 실제로 볼 수 있는 날은 어쩌면 그리 멀지 않을지도 모릅니다!

치바 히카루(NoMaDoS)

참고 문헌

《마법소녀 마도카☆마기카》 건축 디자인의 대혁명! 모던하고 멋진 근대 건축 5원칙
20세기 공간 디자인_쇼코쿠샤(2003년) ・건축을 향하여_SD 가시마 출판회(1967년) ・신건축 건축 20세기 1·2_신건축사(1991년) ・건축가 르 코르뷔지에 교과서_매거진 하우스(2004년) ・세계 건축가 해부 도감_엑스날리지(2018년) ・리트벨트의 건축_TOTO 출판(2009년) ・르 코르뷔지에의 생애_쇼코쿠샤(1981년) ・세상에서 가장 멋진 건축 교실_산사이 북스(2019년) ・컴팩트판 건축사 [일본·서양]_쇼코쿠샤(2009년)

《닌텐도 슈퍼 마리오 시리즈》 지붕은 자유다! 쿠파성에서 장난기 가득한 발상을 보다
20세기 공간 디자인_쇼코쿠샤(2003년) ・a+u(2015년 7월호) ・신건축 건축 20세기 1·2_신건축사(1991년) ・건축에 있어서 일본적인 것_신초샤(2003년) ・전시 일본의 건축가:아트·키치·재패니스크_아사히신문 출판(1995년) ・신건축(2018년 1월호) ・세상에서 가장 멋진 건축 교실_산사이 북스(2019년) ・이상한 건축의 역사_엑스날리지(2013년)

《HUNTER×HUNTER》 대체 어떻게 짓는 것일까? 독특한 역사와 아름다움을 지닌 타워 건축
HUNTER×HUNTER_슈에이샤 ・20세기 공간 디자인_쇼코쿠샤(2003년) ・신건축 건축 20세기 1·2_신건축사(1991년) ・죽기 전에 보고 싶은 세계의 초고층 빌딩_엑스날리지(2014년) ・세계 건축가 해부 도감_엑스날리지(2018년) ・아르 데코의 마천루_가시마 출판회(1990년) ・도시 건축의 고층화에 따른 스카이라인 출현_도쿄 대학 아오야마 겐지 ・세상에서 가장 멋진 건축 교실_산사이 북스(2019년) ・각종 건물 형상에 따른 초초고층 건물의 공력 특성 변화_일본 풍공학회지 제38권 제3호, 통권 제136호(2013년 7월)

《레디 플레이어 원》 일본이 탄생시킨 놀라운 기법! 생물처럼 형태를 바꾸는 건축물
20세기 공간 디자인_쇼코쿠샤(2003년) ・신건축 건축 20세기 1·2_신건축사(1991년) ・키쿠타케 키요노리 순례_닛케이 BP(2012년) ・행동 건축론 메타볼리즘의 미학_쇼코쿠샤(2011년) ・닛케이 XTECH(2017년 9월 14일호) ・세상에서 가장 멋진 건축 교실_산사이 북스(2019년) ・메타볼리즘 1960년대 일본의 건축 아방가르드_INAX 출판(1997년) ・대사 건축론:형태·형식·모양_쇼코쿠샤(2008년)

《드래곤볼》 마인 부우는 천재 건축가?! 꿈이 펼쳐지는 셸 구조
드래곤볼_슈에이샤 ・20세기 공간 디자인_쇼코쿠샤(2003년) ・드래곤볼 대전집 1~7권 ・신건축 건축 20세기 1·2_신건축사(1991년) ・신건축(2016년 1월호) ・이토 도요오 강연회 기록_동일본 대지진 후 1년을 생각하다 ・신건축(2015년 9월호) ・세상에서 가장 멋진 건축 교실_산사이 북스(2019년)

《센과 치히로의 행방불명》 유바바의 디자인 감각! 유야 온천장에서 배우는 '비움'의 기술

20세기 공간 디자인_쇼코쿠샤(2003년) · 지브리 교과서 12(2016년) · 신건축 건축 20세기 1·2_신건축사(1991년) · 로망 앨범 센과 치히로의 행방불명(2001년) · 신건축(2006년 5월호) · 세상에서 가장 멋진 건축 교실_산사이 북스(2019년) · 세계 건축가 해부 도감_엑스날리지(2018년) · 신건축 2101 건축 포럼 사람들을 위한 장소

《주술회전》 건축사에 남을 큰 논쟁을 일으킨 작품! 주술 고등전문학교는 일본 전통 양식일까?

주술회전_슈에이샤 · 20세기 공간 디자인_쇼코쿠샤(2003년) · 단게 겐조(1949) 「히로시마시 평화기념도시에 관하여」_신건축(1949년 10월호) · 신건축 건축 20세기 1·2_신건축사(1991년) · 단게 겐조+후지모리 테루노부(2002) 단게 겐조_ 신건축사 · 단게 겐조 전통과 창조-세토우치에서 세계로_미술출판사(2013년)

《ONE PIECE》 많은 팬을 매료시킨 귀여움! 사랑스러운 '허세 건축'

ONE PIECE_슈에이샤 · 20세기 공간 디자인_쇼코쿠샤(2003년) · 신건축 건축 20세기 1·2_신건축사(1991년) · 간판 건축 신판_산세이도(1999년) · 컴팩트판 건축사 [일본·서양]_쇼코쿠샤(2009년)

《신세기 에반게리온》 NERV는 최강 요새였을까? 역사의 뒤편에서 탄생한 요새 건축의 세계

20세기 공간 디자인_쇼코쿠샤(2003년) · 신건축 건축 20세기 1·2_신건축사(1991년) · 애니메이션 건축_그래픽샤(2021년) · 세상에서 가장 멋진 건축 교실_산사이 북스(2019년)

《게게게의 기타로》 집은 주거 목적만이 아니다! 건축이 지닌 또 다른 가치란?

20세기 공간 디자인_쇼코쿠샤(2003년) · 일본의 지령_고단샤(1999년) · 신건축 건축 20세기 1·2_신건축사(1991년) · 세상에서 가장 멋진 건축 교실_산사이 북스(2019년) · 게니우스 로키 건축의 현상학을 향하여_크리스티안 노르베르그-슐츠(1979년) · 이상한 건축의 역사_엑스날리지(2013년)

《극장판 짱구는 못말려:핸더랜드의 대모험》 뾰족하게! 돋보이게! 화려하게 개성을 뽐내는 건축물

20세기 공간 디자인_쇼코쿠샤(2003년) · 신건축 건축 20세기 1·2_신건축사(1991년) · 세상에서 가장 멋진 건축 교실_산사이 북스(2019년) · 이상한 건축의 역사_엑스날리지(2013년)

《하울의 움직이는 성》 도시가 걸어 다닌다?! '짓지 않는' 건축의 세계

20세기 공간 디자인_쇼코쿠샤(2003년) ·신건축 건축 20세기 1·2_신건축사(1991년) ·세상에서 가장 멋진 건축 교실_산사이 북스(2019년) ·건축의 해체_가시마 출판회(1997년) ·이상한 건축의 역사_엑스날리지(2013년)

《찰리와 초콜릿 공장》 비밀의 초콜릿 공장에는 최첨단 건축 기술이 집약되어 있었다!

20세기 공간 디자인_쇼코쿠샤(2003년) ·신건축 건축 20세기 1·2_신건축사(1991년) ·세상에서 가장 멋진 건축 교실_산사이 북스(2019년) ·세계 건축가 해부 도감_엑스날리지(2018년) ·이상한 건축의 역사_엑스날리지(2013년) ·컴팩트판 건축사 [일본·서양]_쇼코쿠샤(2009년)

저자 약력

치바 히카루(千葉 光) (집필·초기 기획)
이사 / 1급 건축사·관리 건축사

도호쿠대학교 대학원 도시·건축학 수료. (주)쿠메 설계에서 국내외 숙박 시설, 상업·교육 시설 등 다양한 프로젝트의 의장 설계에 참여했다. 2018년에 (주)NoMaDoS를 공동 설립하고 이사로 취임했다. 현재는 의장 설계 부문을 총괄하며 지역 거점의 개성을 발굴하는 서비스 'nomarchy' 확대를 추진하고 있다. 가장 좋아하는 건축물은 『섹시 코만도 외전: 멋지다!! 마사루』의 마사루 집.

요시카와 나오야(吉川尚哉) (일러스트·집필)
건축사·일러스트레이터 / 전 NoMaDoS 의장 설계부

1992년 이와테현 출생. 도호쿠대학교 대학원 도시·건축학 수료. 주식회사 NoMaDoS를 거쳐, 현재는 건축 그룹 다운어스의 멤버로 주로 전시회장 디자인이나 집기 제작 외에 임업과 건축의 연결에 관한 연구 등을 진행하고 있다. 최근에는 서점을 시작할 기회를 준비하고 있다. 가장 좋아하는 건축물은 「찰리와 초콜릿 공장」의 찰리네 집.

이세자키 하야토(伊勢崎 勇人) (문장 교정)
대표 이사 / 1급 건축사

도호쿠대학교 대학원 도시·건축학 수료. (주)루이 설계실, (주)쿠메 설계를 거쳐 다양한 프로젝트에 참여한 후, (주)NoMaDoS 1급 건축사 사무소, 건설 3D 프린터 회사 (주)Polyuse, 식물로 인테리어를 만드는 순환 경제 회사 (주)Spacewasp를 설립했다. 건축, 아트, 디지털, 로보틱스, 재료, 우주 등을 아우르는 활동을 전개하고 있다. 가장 좋아하는 건축물은 「천공의 성 라퓨타」의 라퓨타 성.

다카하시 료스케(高橋 良輔) (문장 교정)
이사 / 1급 건축사

도호쿠대학교 대학원 도시·건축학 수료. (주)다이키샤, (주)이즈미 시스템 설계를 거쳐 NoMaDoS 1급 건축사 사무소를 설립하고 이사로 취임했다. 고가쿠인대학교 비상근 강사. 전문 분야는 건축 설비 설계, 에너지 절약 계획이다. 또한 에너지 절약 적합성 판정·신고 업무, ZEB 컨설팅 등도 전개하고 있다. 가장 좋아하는 건축물은 『짱구는 못말려』의 짱구네 집.

다나카 고다이(田中滉大) (초기 기획)
전 NoMaDoS 사업 전략부 총괄 / 현 기획 레이블 KUMO KIKAKU 주재

1992년 구마모토현 출생. 와세다대학교 문학부 졸업. 도내 크리에이티브 에이전시, 비즈리치(현 Visional 그룹)를 거쳐 2019년 NoMaDoS에 합류해 CSO/사업 전략부 총괄을 맡았다. 해당 회사에서 지속 가능한 지도 앱 'slowz' 등 다양한 신규 사업 및 프로젝트를 프로듀싱했으며, VOGUE JAPAN이나 anan, 브레인 등 미디어 취재 다수. 2022년 NoMaDoS를 졸업하고 프리랜서 프로듀서로 기획 레이블 KUMO KIKAKU를 시작했다. 가장 좋아하는 건축물은 『명탐정 코난』의 브라운 박사 집.

이나다 즈이키(稲田ズイキ) (초기 기획)
전 NoMaDoS 사업 전략부 보조/현 프리랜서 편집자·작가

1992년 교토부 구미야마초에 있는 겟추잔 쇼묘지(月仲山称名寺)에서 태어났다. 현재는 부주지이다. 도시샤대학교 법학부 졸업 후, 광고 대행사 근무를 거쳐 2018년에 작가·편집자로 독립했다. 칼럼, 에세이, 소설, 만화 원작 등 다양한 장르의 글을 쓰며 생활하고 있다. 2020년에 무료 신문 『프리스타일의 승려들』 3대 편집장으로 취임했다. 저서로는 『세계가 불교로 가득 차다』(슈에이샤, 2020). 가장 좋아하는 건축물은 「초시공요새 마크로스」에 등장하는 마크로스 시티.

애니메이션 속 건축물 현실화 프로젝트
하울의 움직이는 성, 맨해튼을 걷다!

초판 1쇄 발행 · 2025년 11월 30일

지은이 · NoMaDoS
그린이 · 요시카와 나오야
옮긴이 · 서희경
펴낸이 · 곽동현
디자인 · 정계수
펴낸곳 · 소보랩

출판등록 · 1998년 1월 20일 제2002-23호
주소 · 서울특별시 서초구 동광로 41, 3층
전화번호 · (02)587-2966
팩스 · (02)587-2922
메일 · sobolab@naver.com

ISBN 979-11-391-5515-0 03540

이 책은 저작권법에 따라 보호를 받는 저작물이므로 무단 전재와 복제를 금하며,
이 책 내용의 전부 또는 일부를 사용하려면 반드시 저작권자와 소보랩의 서면 동의를 받아야 합니다.
잘못된 책은 구입하신 서점에서 교환해 드립니다. 책값은 뒤표지에 있습니다.

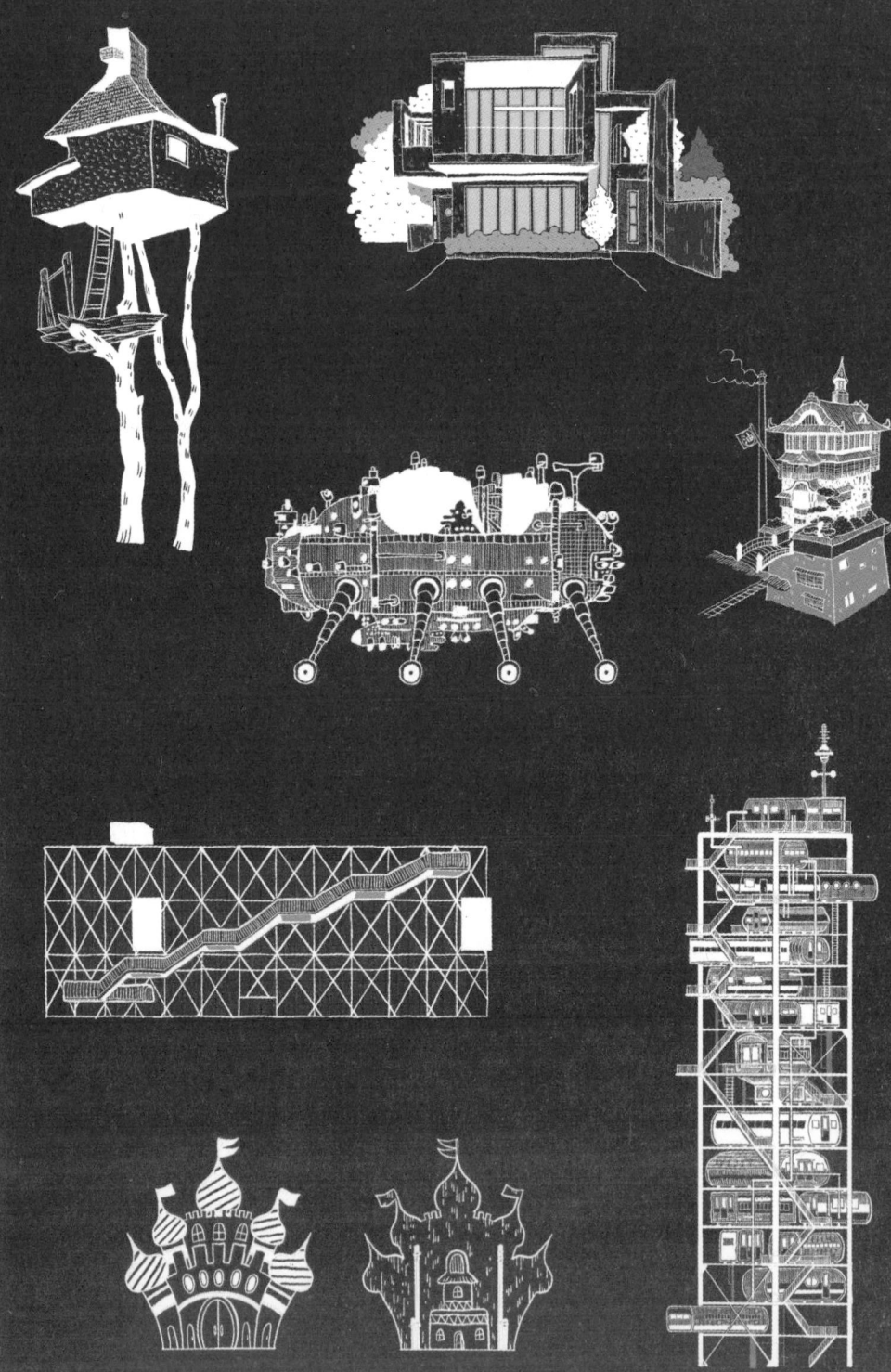